À Xavier Goyet,
plongeur de l'Ile-de France,
disparu au cours d'une plongée
profonde au gouffre de
Saint-Sauveur.

Avertissement

La plongée aux mélanges est une activité potentiellement dangereuse qui requiert un entraînement et un équipement appropriés. Cette publication donne un aperçu de ces techniques mais ne saurait se substituer à un entraînement spécifique.

Henri Juvenspan

Christian Thomas

Plonger
aux mélanges

Préface de
Jean-Claude Le Péchon

E.U.
EDITIONS
EUGEN
ULMER

ISBN 2-84138-077-7

1 rue de l'Université 75007 Paris
2e édition revue et corrigée
Graphisme de la couverture : Cécile Declerck
Photo de couverture : G. Newman, Devil Eyes Spring
Imprimé en France par Pollina, 85400 Luçon n° 70985

Dépôt légal 1e trimestre 1997

Préface

Lorsque Henri Juvenspan m'a demandé d'aider son équipe pour la préparation d'expéditions spéléologiques à grande profondeur, ma première réaction a été la prudence car il m'importait de vérifier si cette équipe était capable d'assurer l'utilisation raisonnable et sûre des techniques de plongée aux mélanges, habituellement réservées à quelques entreprises de travaux sous-marins évoluant dans le domaine pétrolier.

J'ai donc d'abord écouté Henri et Christian me présenter leurs opérations précédentes et les résultats techniques des explorations qu'ils avaient menées à bien. Rassuré, j'ai progressivement ouvert mes tables et ma porte, ils m'ont aussi dressé leur table... et nous avons plongé à la Douix...

Du fait de l'importance des moyens matériels à déployer et des coûts correspondants, les méthodes développées dans les années 75 pour les scaphandriers de C. G. Doris, avec l'appui de la Marine Nationale pour le calcul et les essais des tables, ne sont pas directement utilisables par les plongeurs de loisirs. Par contre elles ont été validées sur de nombreux chantiers ce qui permet de penser que leurs performances et leurs limites sont assez bien connues. La composition des mélanges à utiliser et les méthodes de fabrication sur chantier ont fait leurs preuves.

C'est à partir des principes initiaux, d'une sélection de procédures, qu'Henri et Christian ont transposé ces méthodes pour leur utilisation spéléologique, avec des moyens simples et souvent très astucieux. La démonstration sur (sous) le terrain est probante : “ ça marche ” !

Bien sûr, la validation opérationnelle de leur travail ne repose pour l'instant que sur quelques plongées et les risques liés à ces explorations profondes ne sont pas nuls. Ils sont pourtant estimés assez faibles pour être acceptés, au moins par ceux qui les mettent en œuvre et qui prévoient impérativement des moyens de contrôle de qualité, de secours et de recompression.

Lorsqu'ils m'ont fait part de leur intention de diffuser ce savoir-faire et cette expérience pour les mettre à la disposition de la communauté des plongeurs spéléos et éventuellement de tous les plongeurs intéressés, je me suis réjoui, sous réserve que des messages de qualité et de sécurité bien compris y soient fortement associés. Je viens de lire leur projet, il me semble que les deux objectifs sont atteints : diffusion des connaissances et mise en garde contre les pratiques dangereuses.

L'air n'est bien adapté pour les interventions de longue durée que jusque vers 18 mètres et aux alentours de 35-45 mètres. En dehors de ces zones restreintes de profondeur, toute analyse d'optimisation dans le choix des gaz respiratoires aboutit à recommander la plongée avec des mélanges synthétiques suroxygénés ou sous oxygénés et contenant éventuellement de l'hélium pour les zones profondes.

" Plonger aux Mélanges " expose de façon claire et didactique, des solutions théoriques, pratiques et éprouvées pour évoluer plus librement dans le champ des profondeurs et du temps, en minimisant les risques qui peuvent résulter des conséquences physiologiques de la respiration en immersion profonde.

Si au moins la connaissance mieux diffusée de ces techniques pouvait réduire la fréquence des plongées à l'air au-delà de 60 mètres, un grand pas aurait été franchi vers une meilleure sécurité subaquatique.

Jean-Claude Le Péchon

Paris, le 16 avril 1992

Départ pour une exploration profonde

Avant propos

L'utilisation des mélanges respiratoires de synthèse en plongée sportive n'est pas enseignée en Europe. Elle commence tout juste à l'être aux USA. Ceci est lié à la difficulté de mise en œuvre et aux risques que présentent de telles plongées.
Cependant, un nombre croissant de plongeurs sportifs utilise ces mélanges, tant aux Etats-Unis qu'en Europe et notamment en France. Souvent, les techniques qu'ils emploient n'offrent pas les garanties de sécurité qui nous paraissent nécessaires.
Il est commode de distinguer deux familles de mélanges respiratoires qui répondent à deux préoccupations bien distinctes :

- **les mélanges suroxygénés** dont le but est de diminuer la saturation et de faciliter la décompression ;
- **les mélanges contenant de l'hélium** qui permettent de descendre plus profondément.

Les activités subaquatiques entraînent certains plongeurs à des immersions de plus en plus longues. C'est le cas des **archéologues** au cours des fouilles, des **moniteurs** qui réalisent plusieurs plongées par jour, des **spéléologues** qui entreprennent des explorations de plus en plus lointaines. Dans ces activités, l'emploi des " surox " apporte bien souvent une plus grande sécurité.
D'autre part, de nombreux plongeurs s'aventurent à l'air à des profondeurs dangereuses et il n'est pas rare d'entendre que tel ou tel plongeur " fréquente " régulièrement la zone des 80, des 90, voire celle des 100 mètres ! Des accidents mortels viennent nous rappeler chaque année que l'organisme humain n'est pas fait pour résister à une telle agression. Ces accidents seraient évités avec un usage correct d'un mélange contenant de l'hélium. Ceci implique toute une révolution dans les méthodes de plongée. L'impossibilité absolue de regagner la surface en raison de la décompression interdit au plongeur l'usage des techniques habituelles de sécurité

(réserve, remontée sans embout, échange d'embout pendant la remontée, etc.).
Par ailleurs, la nécessité impérieuse de retrouver sous l'eau les blocs de paliers et le narghilé d'oxygène interdit une navigation subaquatique hasardeuse. La règle du double, l'usage du fil d'Ariane, l'emploi d'un éclairage fiable mettent le plongeur profond dans des conditions voisines de celles du plongeur spéléo.
C'est pourquoi la plongée souterraine joue ici son rôle de "laboratoire expérimental" dans le développement de ces techniques.

La plongée sportive aux mélanges est à un stade expérimental. Cet ouvrage est le résultat d'une recherche d'adaptation des techniques des professionnels pour un usage sportif.
Le lecteur trouvera ici des notions qu'il n'est pas habitué à rencontrer dans les ouvrages consacrés à la plongée sportive. Nous les avons exposées de façon simple. En contrepartie, nous n'avons pas repris les notions de base que tout plongeur doit connaître.

Nous abordons les techniques de plongée sans surface libre (glace, épave, grotte) ainsi que les problèmes du froid mais, nous ne les développons pas. Le lecteur se reportera utilement, pour plus de détails, aux ouvrages (à paraître dans la même collection) consacrés à ces sujets.

Nous expliquons pourquoi et comment :

- le recours aux mélanges à l'hélium permet de repousser les limites, en profondeur, de la plongée à l'air,
- les mélanges suroxygénés rendent plus simples et plus sûres certaines plongées réalisables à l'air et autorisent certains profils de plongée irréalisables autrement.

Pour fabriquer les mélanges et les utiliser dans le cadre de la plongée sportive, nous proposons des techniques originales et fiables à la portée de l'amateur éclairé.

Le graphique ci-dessous illustre les nouvelles frontières dans le développement de ces techniques.

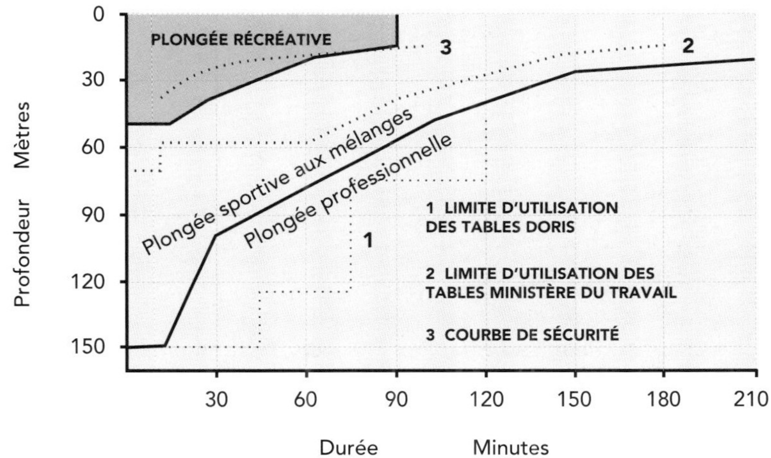

Classification des plongées en fonction de la profondeur et de la durée

Chapitre 1

Historique

Quoi de plus naturel que de respirer… de l'air!
Et pourtant, dans certaines conditions d'hyperbarie, des mélanges gazeux de synthèse s'avèrent moins dangereux.
Nous sommes bien adaptés pour vivre à une pression ambiante de 1 bar environ, en-deçà et au-delà la physiologie tolère des variations de pression pour l'emploi de l'air. Quand on veut approcher ou dépasser les limites de tolérance de l'air, des moyens artificiels deviennent indispensables.

Les professionnels

Dans la course à la profondeur et à la durée en plongée, ainsi que par souci de sécurité, divers mélanges ont été imaginés, mis au point et testés avec des réussites variables par les précurseurs professionnels et militaires. Les résultats de leurs travaux permettent maintenant aux sportifs de disposer de méthodes fiables et éprouvées à condition de les adapter correctement à cet usage.

Quelques dates (il en faut) :

- 1937 : Behnke aux USA imagine l'utilisation de l'hélium comme moyen de diminuer les temps de décompression après le sauvetage des équipes d'un sous-marin par 70 m de fond.
- 1938 : L'héliox (mélange hélium-oxygène) est utilisé jusqu'à 90 m et on constate l'absence de narcose.
- A partir de 1939 on teste systématiquement tous les gaz inertes et on montre que plus ils sont lourds plus ils sont handicapants.
- 1948 : Zetterström, un suédois courageux et téméraire, réussit à plonger à l'hydrox (mélange hydrogène-oxygène) à 150 m mais il meurt d'un accident de décompression n'ayant pu contrôler sa vitesse de remontée.
- 1962 : Premières plongées en saturation à 10 m par Cousteau en France (Précontinent I) et Bond aux USA.
- 1963 : Développement d'une maison sous la mer à 25 m avec mélange à l'hélium permettant des plongées à 80 m (Précontinent II).
- 1965 : Précontinent III (hélium à 100 m) et Sealab II de l'US Navy (hélium à 60 m) permettent un séjour d'un mois. Barthélémy et Michaud (Marine Nationale) publient des tables d'intervention jusqu'à 150 m.
- 1968 : Brauer (USA) décrit les effets sur le système nerveux des animaux d'une forte pression d'hélium, il baptise cet effet “helium tremor”.

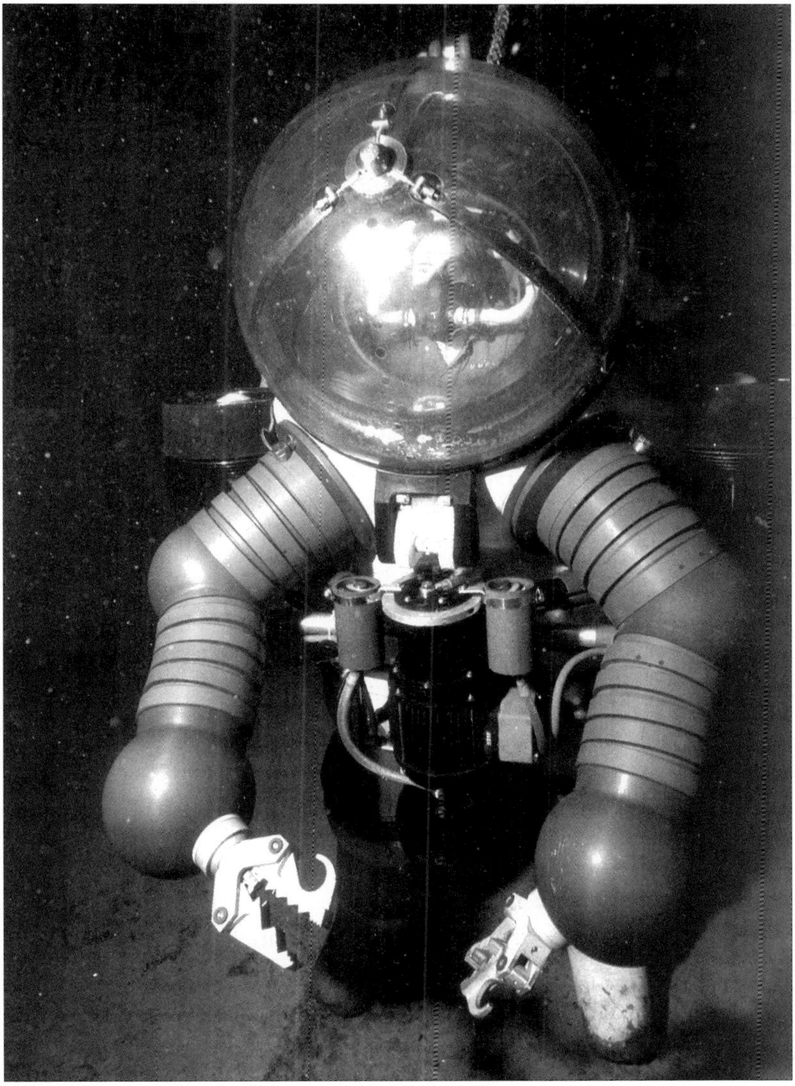

Vêtement atmosphérique
Le WASP

- 1969 : Fructus (France) décrit chez l'homme le syndrome nerveux des hautes pressions (SNHP) qui paraissait limiter la profondeur accessible à l'homme aux environs de 300/350 mètres.

En adoptant des procédures de compression lente, le syndrome disparaît en partie, au moins jusqu'à 450 mètres. Ceci permet aux professionnels de descendre de plus en plus profond tant du point de vue opérationnel (327 m en 1975 par la Comex) que du point de vue expérimental.
L'opération Janus IV en 1977 montre que des plongeurs peuvent effectuer des travaux à 460 m, ces mêmes plongeurs font une pointe à 501 m.
Jusqu'à 250 m, les professionnels utilisent l'héliox. Les procédures sont complexes. L'emploi de l'hydrogène a été bien étudié par la Comex, depuis 1986, avec les expériences Hydra IV à IX. En 1988 Hydra VIII permet d'atteindre 530 m. Cependant, l'hydréliox n'a pas encore été utilisé en intervention industrielle.

Mais la course à la profondeur est de plus en plus difficile et coûteuse, les industriels pétroliers se tournent donc, depuis 1975/80, vers les robots et le développement de vêtements atmosphériques ; l'intervention de l'homme en milieu hyperbare est de plus en plus rare. Faute d'enjeu, la course à la profondeur s'essouffle.

Les amateurs

Les sportifs commencent à utiliser ces mélanges en 1970 en Afrique du Sud et en 1975 aux USA. Après le décès pendant un palier à l'oxygène en 1977 d'Holzendorf (USA), la plongée sportive aux mélanges marque une pose.
En Europe, l'histoire retiendra les noms de deux précurseurs, Jochen Hasenmayer à partir de 1979 et Claude Touloumdjian.

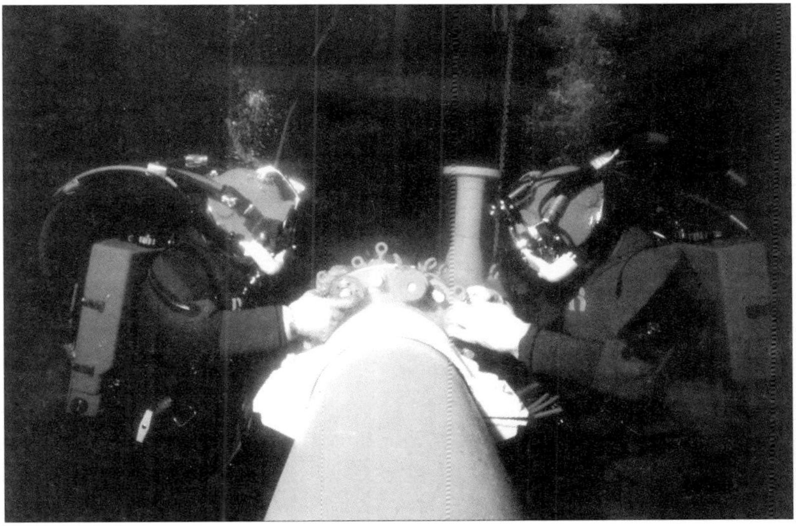

Plongeurs en tourelle (- 534 m) Hydra VIII

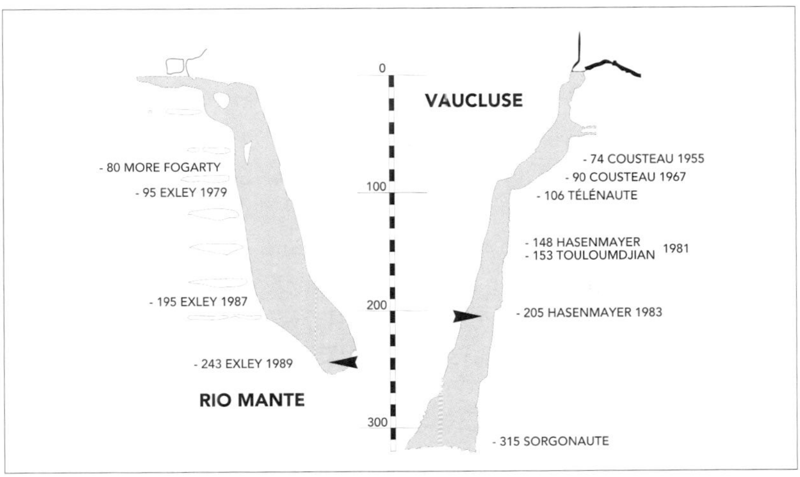

Records de plongée à la fontaine de Vaucluse (France) et au Rio Mante (Mexique)

Bien que peu loquace sur les méthodes qu'il emploie, le plongeur spéléo allemand a probablement utilisé des mélanges au Ressel (Lot, - 80 m) et à Landénouze (Lot, - 90 m) en 1980.
La Fontaine de Vaucluse est le théâtre d'une série de plongées spectaculaires entre 1981 et 1983. En automne 1981, l'allemand descend à 145 mètres par ses propres moyens (scaphandre autonome, pas de plongeur d'assistance). Quelques semaines plus tard, le français atteint 153 mètres en utilisant les techniques des professionnels (narghilé tiré depuis la surface par plusieurs plongeurs d'assistance, casque intégral, téléphone).
Le débat entre techniques lourdes (professionnelles) et techniques allégées (sportives) est définitivement clos en 1983 quand Hasenmayer atteint 205 mètres.
Ces techniques sont complexes et quelques rares équipes parviennent à les dominer. Cependant plusieurs centaines de plongées sont réalisées dans la décennie en particulier en Europe par des équipes suisses, françaises et allemandes, utilisant les mélanges qui ont maintenant montré leurs possibilités.
La profondeur la plus importante atteinte revient à un américain, Sheck Exley qui, en 1995, atteint 288 mètres en Afrique du Sud. Les plongées au-delà de 150 mètres sont rares et sont réalisées dans des conditions de sécurité précaires.

QUELQUES PLONGÉES PROFONDES EN EUROPE

Le Ragas	- 117
Fontaine de Lussac (Touvre d'Angoulême)	- 125
Fontaine des Chartreux de Cahors (Lot)	- 137
Le goul du pont de Bourg Saint-Andéol	- 140
Chaudanne (Suisse)	- 143
Le "bouillant" de la Touvre d'Angoulême	- 148
Port Miou	- 160
Petit goul de Bourg Saint-Andéol (Ardèche)	- 167
Fontaine de Vaucluse	- 205

Déjà le futur se présente à nous. En 1988, Bill Stone (USA) utilise pour la première fois un appareil à circuit fermé en plongée souterraine. En 1989, Olivier Isler (Suisse), inaugure un circuit semi fermé, le RI 2000. Il réalise une série de très belles plongées au Ressel

et à la Doux de Coly (Corrèze) où, en août 1991, il parcourt 4050 mètres (plus le retour) à 55 mètres de profondeur.
Les premières cloches de décompression font leur apparition en 1983 dans le "tunnel de l'Atlantide" (tube de lave aux Canaries), en 1988 à Wakulla Springs en Floride et en 1991 à la Doux de Coly. Ces cloches immergées permettent de faire une décompression dans un meilleur confort thermique. Elles demeurent cependant très éloignées, tant par leur philosophie que par leur conception, des tourelles utilisées par les professionnels.

Olivier Isler et son RI 2000

Parallèlement, les robots d'exploration se développent, à la Fontaine de Vaucluse, le Télénaute (C. G. Doris) descend à 106 m en 1967, le Sorgonaute touche le fond à 315 m en 1985. Cependant, même si les robots visitent l'épave du "Titanic" et atteignent des profondeurs interdites à l'homme, la curiosité fera toujours plonger ce dernier.

La cloche "Sweet Home" — Coly

Chapitre 2

Physiologie

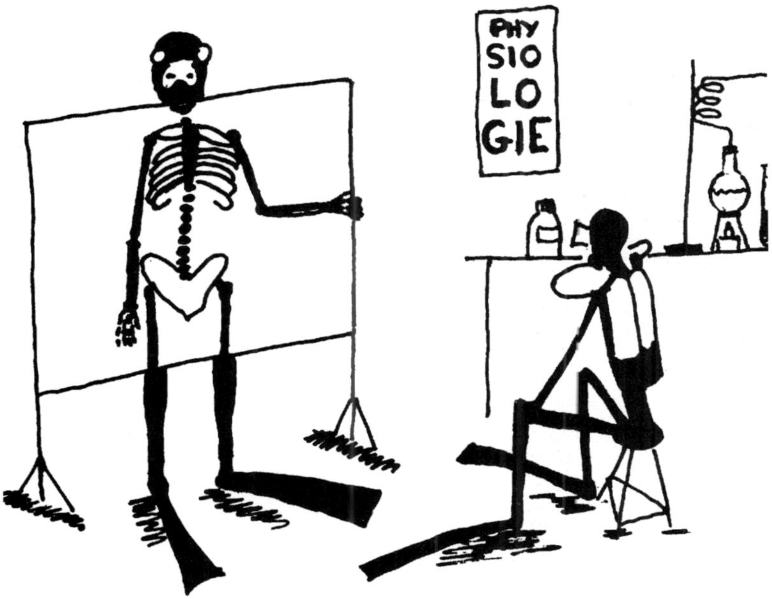

Nous ne reprenons pas dans notre propos la physiologie telle qu'on la trouve dans les manuels traditionnels à l'usage des plongeurs sportifs, mais nous exposerons plutôt des notions qui y sont peu développées voire qui vont à l'encontre de certitudes fausses érigées en dogme.

Bases physiques de la décompression

Les facteurs qui influencent les échanges de gaz entre un liquide et un gaz sont :

- la surface de contact
- la nature du gaz et celle du liquide
- la température les poumons du plongeur étant à température constante, ce paramètre n'est pas important en plongée)
- la concentration du gaz dans le liquide et la pression partielle du gaz en phase gazeuse
- la durée de l'échange

La loi de Henry indique qu'à l'équilibre, et à température donnée, la quantité de gaz dissoute C est proportionnelle à la pression partielle de gaz P au dessus du liquide.

$C = C_0 \times P$ C_0 est le coefficient de solubilité C en ml/l.

gaz	P	C dans l'eau à 20 °C	C dans le sang à 37 °C	C dans le muscle
O_2	0,2 bar	6,3	3,1	n c
O_2	1,0 bar	31,2	20	24
N_2	0,8 bar	12,7	11,2	9,6
N_2	1,0 bar	15,9	14	12
He	1,0 bar	n c	10	12
H_2	1,0 bar	n c	17	18
Ar	1,0 bar	n c	30	24
CO_2	1,0 bar	n c	n c	600

Ces valeurs sont additives, chaque gaz ignorant ce que fait l'autre. Ainsi la concentration d'oxygène dans l'eau pour une pression partielle

de 0,2 bar ne dépend pas de la pression d'azote. Elle est de 6,3 ml/l. La concentration d'azote étant de 12,7 ml/l pour 0,8 bar, on en déduit qu'à la pression de 1 bar, l'air se dissout à une concentration de 19 ml/l, mais il s'agit en fait d'un nitrox à 33 % d'O_2.
Ces relations ne sont vraies qu'en état d'équilibre statique, or en plongée, l'équilibre n'est jamais parfaitement atteint. La loi de Henry n'est pas suffisante dans sa forme statique. Il faut lui adjoindre une équation cinétique. Celle-ci exprime que l'échange gazeux s'effectue selon une loi exponentielle.
Pour des raisons de commodité mathématique on introduit classiquement la notion de tension de gaz dans un liquide. La tension S est: $S = C / C_0$

C = concentration en ml/l

C_0 = coefficient de solubilité à 1 bar

La tension a la dimension d'une pression et s'exprime en bars. Mais ce n'est pas une pression dans la mesure où le gaz dissous n'exerce aucune force.
A saturation la tension est égale à la pression partielle du gaz au dessus du liquide.
La loi cinétique est donnée par la formule suivante:

$$S = Si + (P - Si)(1 - e^{-0,69\ t/T})$$

T dépend de la surface de contact, de la nature du gaz et du liquide. Ce coefficient est appelé période.

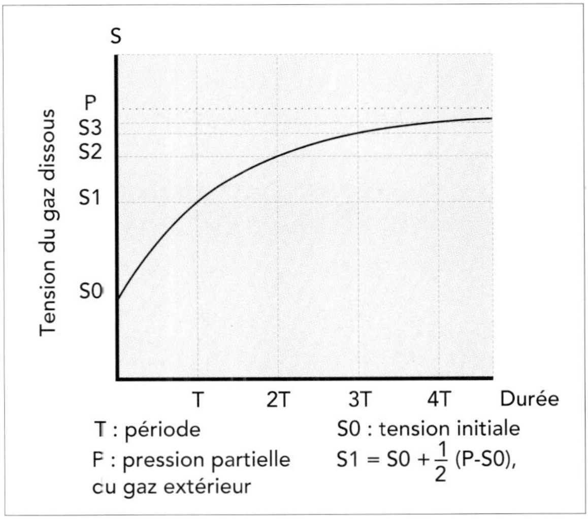

Courbe de saturation

Plus la période T est courte, plus l'échange se fait rapidement. Après une durée t = T, la moitié de l'échange est réalisée, après 2T les 3/4 de l'échange etc.

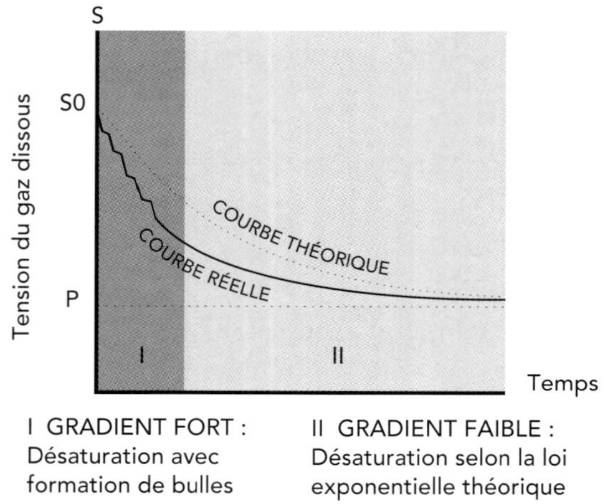

Courbe de désaturation

A 6T l'équilibre est atteint à 98,5 %.

Cette loi s'applique pour des variations de pression assez faibles. Elle néglige deux phénomènes :

- la diffusion du gaz au sein du liquide qui assure l'homogénéité de la concentration gazeuse dans le liquide,
- la désaturation sous forme de bulles plus rapide et plus chaotique.

Ainsi, le schéma classique (courbe de désaturation) que l'on trouve dans les manuels de plongée ne représente pas la réalité. La saturation et la désaturation ne sont pas des phénomènes symétriques.

QUE REPRÉSENTE UNE ATA ?

ATA signifie atmosphère absolue.
1 ATA = 1,013 bar.
Les pressions partielles des gaz peuvent s'exprimer en ATA. La pression partielle d'azote au niveau de la mer est :
0,79 x 1 = 0,79 ATA.
Par extension la tension de gaz dissous dans un liquide (ou dans le modèle de Haldane dans un compartiment) peut s'exprimer également en ATA. Nous utilisons dans cet ouvrage l'unité bar reliée au système international d'unités par la relation :
1 bar = 10^5 Newton/m^2.

La contre-diffusion isobare : le cas de plusieurs gaz.

La période T dépend entre autres de la nature du gaz. Certains gaz s'éliminent plus vite que d'autres.

Ceci a une conséquence étonnante : le phénomène de sursaturation isobarique.

vitesse de diffusion à 37° dans un muscle 10^{-5} cm²/seconde	
H_2	3, 6
He	5, 4
N_2	1, 7
O_2	1, 9
CO_2	1, 4
(estimation Paul Weathersby)	

Lorsqu'on remplace, lors d'une décompression sur un liquide saturé en azote, l'azote par de l'hélium, à pression identique, le liquide va se désaturer en azote et se saturer en hélium. Mais l'hélium se dissolvant plus vite que l'azote ne s'élimine, la somme des tensions des deux gaz passe par un maximum. Un dégazage sous forme de bulles peut alors se produire.

Ce phénomène physique se matérialise dans certaines procédures de décompression ou de changement de gaz respiratoires lors de plongées à saturation et dans des conditions particulières lors de plongées d'intervention à l'héliox.

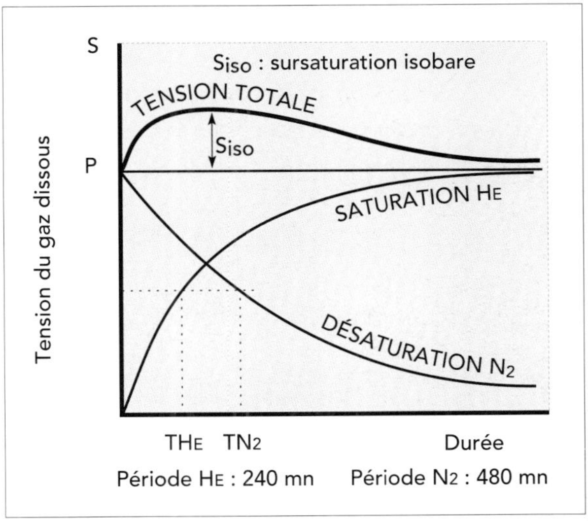

Sursaturation isobare

Le modèle humain
Limite de la physique

Ces lois en apparence très simples sont d'un usage restreint. La modélisation de la croissance des bulles dans un liquide, à elle seule, mobilise des chercheurs depuis des décennies sans grand succès. Seules quelques tendances ont pu être décrites. On sait, par exemple, que la croissance d'une bulle est plus rapide lorsqu'on utilise de l'hydrogène ou de l'hélium qu'avec de l'azote ou de l'argon. La description de ce mécanisme, essentiel pour la modélisation de la décompression, reste à inventer!

Le milieu organique est encore plus complexe. Les débits sanguins des organes sont différents, les organes sont hétérogènes même au niveau microscopique, les caractéristiques physiques évoluent avec le temps. Il en résulte que les espoirs d'une modélisation détaillée et fidèle sont très faibles. Le modèle de Haldane (voir au chapitre "calcul des tables") ne s'appuie sur aucune réalité physiologique. Le découpage de l'organisme en "tissus" de diverses périodes ne repose sur aucune identité anatomique. On ne peut attribuer à un tissu une période. Il est préférable de parler de compartiments. Son efficacité ne doit jamais faire oublier qu'il n'est qu'une représentation lointaine de l'organisme.

Cependant, la validation empirique des tables qu'il a permis de calculer rend leur usage suffisamment sûr pour la majorité des plongées.

QUELQUES DÉFINITIONS

- la sous-saturation : tension < pression hydrostatique. L'échange se fait dans le sens de la dissolution
- la sur-saturation : tension > pression. L'échange est un dégazage, il peut entraîner l'apparition de microbulles.
- la saturation : tension = pression. C'est la situation d'équilibre.
- la sursaturation critique : tension au-dessus de laquelle le dégazage se fait avec une probabilité forte d'entraîner des symptômes d'accident de décompression.

Bases physiologiques de la décompression

Les méthodes d'investigation

Les physiologistes disposent d'un certain nombre d'outils qui leur permettent de mieux comprendre les mécanismes de la décompression :

- Les études d'accidents : les accidents professionnels sont répertoriés et analysés.
- La courbe de rinçage : cette méthode consiste à analyser la quantité d'azote (ou de gaz neutre) expirée par le plongeur pendant sa décompression. Les mesures sont précises et permettent de comparer la rapidité de la désaturation en fonction des conditions dans laquelle elle s'effectue (en particulier lors de respiration d'oxygène pur à pression atmosphérique).
- Les mesures au krypton : le krypton est un gaz neutre, un de ses isotopes est radioactif. Le principe est d'utiliser le krypton comme gaz neutre et d'observer l'évolution de la radioactivité des tissus. Cette observation a l'avantage de se faire sur un organisme vivant.
- Le détecteur à ultrasons : en utilisant l'effet

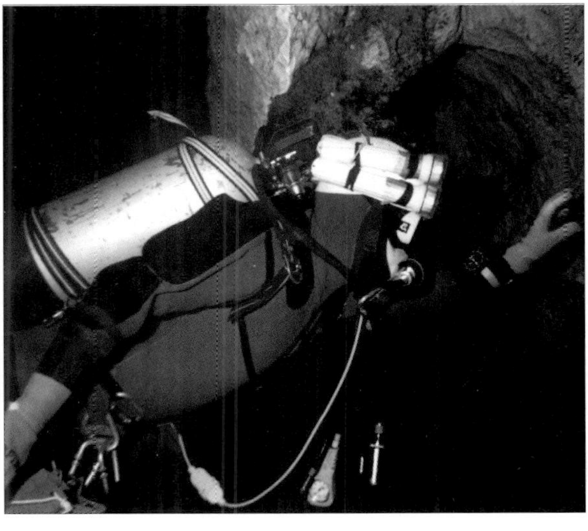

Plongeur spéléo au palier

Doppler, les physiologistes peuvent évaluer le nombre de bulles de diamètre supérieur à 50 µm qui arrivent au cœur par le système veineux.

- Les expérimentations animales : elles permettent de faire subir des décompressions sévères puis, en sacrifiant les animaux, d'étudier par dissection le mécanisme de l'accident. Les expérimentations sur le porc donnent une bonne idée de ce qui se passe chez l'homme, s'en étonnera-t-on vraiment ?
- La biochimie : dernière née des méthodes d'investigation, elle consiste à étudier l'évolution de certains composants organiques au cours de la décompression. Des études sur certaines fractions sanguines comme le complément ont donné d'intéressants résultats.

Le flux sanguin

Le flux sanguin détermine le transport des gaz dissous. Tous les organes ne sont pas perfusés de la même manière. Le cerveau, les reins, le foie reçoivent des quantités de sang extrêmement importantes au repos. Pendant l'effort, les muscles peuvent recevoir 14 l/mn de sang et voir ainsi leur irrigation multipliée par 8.
A l'inverse, les os sont très peu irrigués.

Irrigation au repos des différents organes								
	cerveau	cœur	rein	foie	peau	os	graisse	muscle
poids kg	1,4	0,3	0,3	1,5	2,0	27,0	15,0	35,0
débit l/mn	0,7	0,24	1,2	1,28	0,2	0,81	0,75	1,75
débit/poids	0,5	0,8	4,0	0,85	0,1	0,03	0,05	0,05

On conçoit donc que le schéma général, qui figure ci-contre, soit difficile à modéliser tant les variations du flux sanguin sont grandes et dépendantes des conditions de la plongée.

Des variations de flux sanguin extrêmement importantes sont provoquées par quatre facteurs qui intéressent particulièrement le plongeur :

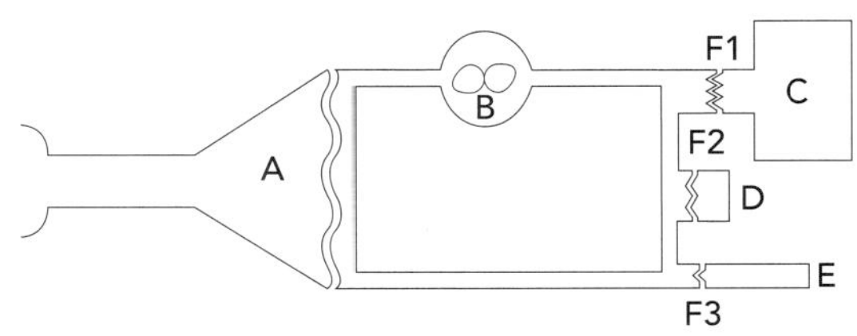

Mécanisme des échanges gazeux dans l'organisme

- L'effort,
- La pression partielle d'oxygène (PO_2) : quand la PO_2 augmente en territoire normoxyque, on observe une vaso-constriction,
- L'immersion en eau froide : 700 ml de sang affluent vers le thorax. Le débit cardiaque augmente de 30%, les résistances vasculaires diminuent de 30% et le volume plasmatique augmente pendant les 30 premières minutes de l'immersion, les fluides vont des tissus à l'espace vasculaire, en une heure et demi, la diurèse rétablit pratiquement l'équilibre bien que les phénomènes hormonaux qui déclenchent cette diurèse puissent se poursuivre pendant encore deux heures et demie si l'immersion continue.

QUELLE QUANTITÉ DE GAZ SE DISSOUT RÉELLEMENT DANS L'ORGANISME ?

En surface, le volume d'azote dissous dans le corps humain est de l'ordre d'un demi-litre. Un plongeur qui passe 10 minutes à 40 mètres en produisant un effort peut dissoudre un demi-litre d'azote supplémentaire. Sans effort cette quantité est considérablement réduite. L'hélium se dissout plus vite (environ deux fois) mais en moins grande quantité (environ 30% en moins) que l'azote. Parmi les différents gaz neutres l'argon est celui qui se dissout le plus (environ trois fois plus que l'hélium).

A la sortie de l'eau le phénomène inverse se produit, c'est pourquoi il faut boire après une plongée.

- Le froid : il provoque une vasoconstriction périphérique et déplace le flux sanguin de la périphérie vers les organes centraux ce qui contribue à l'augmentation de la diurèse.

On conçoit donc qu'un plongeur qui commence sa plongée en ayant chaud et en faisant un effort, qui termine en réalisant des paliers en étant immobile et en ayant froid, qui après sa plongée se trouve en état de déshydratation, se réchauffe et éventuellement fait à nouveau un effort, ne se place pas dans le cadre d'une saturation et d'une désaturation symétriques.

La formation des bulles Leur évolution

Les microbulles

L'observation des bulles dans l'organisme est difficile. Outre les observations in vivo chez l'homme avec les détecteurs de bulles, les physiologistes ont recours à des observations sur des tissus disséqués placés dans des caissons, l'évolution de ces tissus soumis à des compressions et décompressions peut être directement observée.

Les bulles se formeraient dans l'organisme par un phénomène appelé "tribonucléation" (éthymologiquement : formation de noyaux par frottement) qui est responsable de bulles détectées aux rayons X et au scanner presque partout dans l'organisme même dans la moelle. Ce sont des bulles silencieuses qui peuvent se former même sans décompression. Elles se forment spontanément à la pression atmosphérique. La création et la destruction de ces noyaux gazeux est en équilibre. L'exercice augmente la formation des bulles mais des compressions et décompressions quotidiennes diminueraient ce phénomène (risque diminué d'accident de décompression chez les tubistes qui travaillent quotidiennement en air comprimé). Cette notion d'adaptation est cependant controversée.

Cette formation des bulles a été démontrée dans les tissus qui ne bougent pas (foie, rein, cerveau). Elle n'existe pas dans les paupières, conjonctives, sclérotique ou cornée. Ces tissus ne contiennent pas de noyaux gazeux. Le sang est par nature résistant à la formation des bulles (les bulles présentes durant la décompression viennent des autres tissus).

Pendant la décompression, les noyaux gazeux vont se multiplier et grossir pour former des bulles. Ces bulles peuvent se former dans les cellules ou bien, les gaz diffusant à travers les membranes, elles vont se former dans les capillaires.

Il est clair, bien que peu énoncé, que les tissus émetteurs les plus importants sont ceux qui dissolvent les plus grandes quantités de gaz du fait de leur volume et de leur coefficient de solubilité. C'est le cas notamment des muscles et des tissus adipeux.

PLONGÉE AUX MÉLANGES, REDOUBLER DE PRUDENCE!

La plupart des plongées sportives sont effectuées sans caisson à proximité immédiate du point de plongée. Ceci implique de limiter encore plus le risque de la décompression. Lorsqu'on utilise les mélanges, c'est souvent pour plonger plus profond ou plus longtemps. Les conditions de saturation sont souvent sévères. Il faut redoubler de prudence.

Quelques précautions essentielles :

- Ne pas entreprendre de plongée lourde en état de fatigue (voyage, état grippal, etc.) ou sous médication.
- Prévoir une plongée de réadaptation 24 heures avant toute plongée lourde.
- Un entraînement régulier de fond améliore la décompression, un entraînement de type anaérobie (sprint, efforts courts et violents) est sans intérêt pour la plongée.

La cavitation cardiaque : l'hypothèse de Hennessy

Hennessy a émis l'hypothèse que des phénomènes de cavitation se produisaient au niveau des valvules cardiaques. Cette cavitation

provoquerait l'apparition de bulles de vapeur d'eau dont la durée de vie est extrêmement courte. Cependant, si le sang contient des quantités de gaz dissous importantes, ces bulles contiennent en plus de la vapeur d'eau des gaz qui se dissolvent plus lentement et qui augmentent leur durée de vie. Les bulles du versant artériel peuvent alors provoquer des embolies.
L'existence de ces bulles d'origine cardiaque, qui auraient été mises en évidence par des études Doppler, expliquerait l'apparition parfois tardive d'accidents de décompression et l'apparition à la compression de bulles en très grand nombre au niveau du cœur chez la brebis, lorsqu'elle atteint 800 mètres de profondeur. Le sang est alors tellement chargé de gaz que la cavitation peut provoquer, même en phase de compression, l'apparition de bulles.

L'effet des bulles

Malgré des formes très variées, les accidents de décompression atteignent préférentiellement certains organes : la moelle épinière, le cerveau, l'oreille interne, les tendons. Plusieurs mécanismes de lésions ont été mis en évidence. Les dommages créés par les bulles sont dûs à la fois à des phénomènes biochimiques et à des phénomènes mécaniques.

Les phénomènes biochimiques
En effet, les bulles sont des corps étrangers qui blessent les cellules. Certains médiateurs chimiques sont alors activés étant responsables de la Maladie De la Décompresssion (MDD). Ces médiateurs agissent rapidement, ceci est comparable à une allergie par piqûres d'insectes. Des expériences sur l'animal ont montré que ces médiateurs peuvent occasionner une MDD et qu'une MDD peut être prévenue par l'introduction d'antagonistes ou d'inhibiteurs de ces médiateurs.

Les embolies gazeuses

Les bulles du sang veineux arrivent au cœur où elles peuvent être détectées par ultrasons, mais il n'y a pas de correspondance directe entre fréquence des bulles et accident de décompression. Cependant, le risque augmente avec la quantité de bulles. En effet, les bulles entrant dans les poumons sont filtrées par la circulation pulmonaire. Au-delà d'une certaine quantité, variable selon les capacités de filtration des individus, une partie passe dans la circulation artérielle provoquant de façon aléatoire des embolies gazeuses en aval. Le cerveau est la principale cible des embolies gazeuses, plus que la moelle.

La femme enceinte pose un problème particulier. Les échanges gazeux du fœtus ne se font pas par les poumons mais par le placenta. Il existe chez le fœtus une communication entre les oreillettes droite et gauche. Ne bénéficiant pas de filtre pulmonaire le fœtus pourrait subir des embolies gazeuses. De même, la fermeture du shunt inter-auriculaire n'est pas constante et certains individus adultes conservent, dans certaines conditions, un passage droite gauche par inversion de pression dans les oreillettes occasionnée par certains efforts et notamment la manœuvre de Valsalva, ce qui fait une raison de plus de l'éviter à la remontée. Ces individus sont naturellement prédisposés aux accidents de décompression.

Le cas particulier de la moelle épinière

Le drainage des veines péridurales est aléatoire, il s'agit en fait d'un lac veineux, il n'y a pas de valvule, le sang circule dans un sens ou dans un autre, le débit sanguin est faible, le sang stagne longtemps. Les bulles fabriquées sur place vont y grossir et s'encailloter.

Le blocage de la décompression

La formation des bulles freine la décompression. Tobias a illustré cet effet en mesurant l'élimination du krypton dans une main avec et sans formation de bulles.

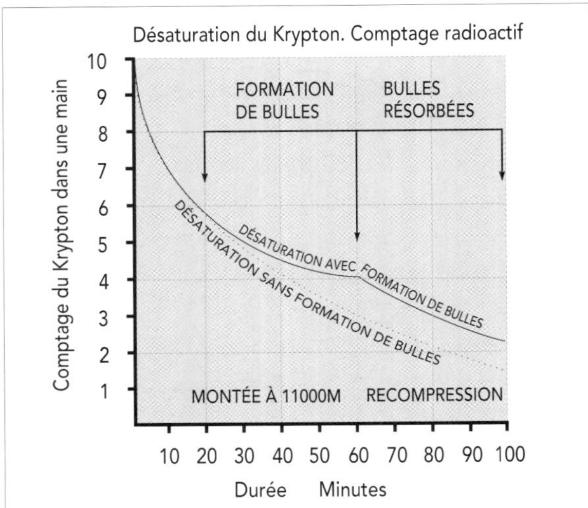

Expérience de Tolbias

C'est pourquoi, il est dangereux de raccourcir les paliers profonds et important de respecter la vitesse de remontée pour aller au premier palier. En effet, ne pas respecter ces paliers provoque la formation des bulles qui, même si elles n'ont pas de conséquences en elles-mêmes, ralentissent la désaturation et augmentent le risque d'accident. De même, la multiplicité des bulles résiduelles après une première plongée perturbe la décompression de la plongée suivante. De plus, la recompression permet à certaines bulles de changer de place avant de grossir de nouveau au retour, par exemple après avoir franchi le filtre pulmonaire. Ce phénomène s'amplifie de plongée en plongée; d'où l'impossibilité de conduire sans risque plusieurs plongées successives.

Les facteurs de risques

Le risque de la décompression est déterminé par le profil de la plongée et par la susceptibilité individuelle. On a déterminé des facteurs individuels de risque tels que l'obésité, l'hyperlipidémie, l'âge, les efforts physiques, l'alcool, la fatigue…

Les accidents médullaires sont plus fréquents après une plongée profonde et courte. Une vitesse de remontée lente est donc nécessaire (10m/mn). Une remontée en panique provoque

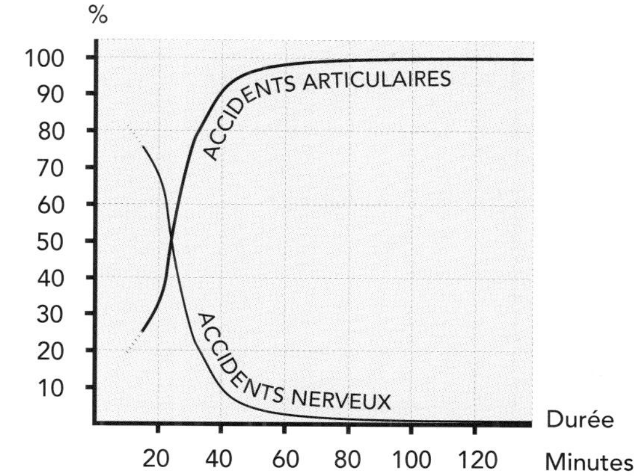

US Navy. Pourcentage d'accidents par nature au voisinage de la courbe de sécurité [In Congres]

Répartition des accidents

préférentiellement un accident médullaire. Les plongées profondes quotidiennes agressent les tissus responsables des accidents médullaires chez les sportifs. Ceci va à l'encontre de l'idée d'accoutumance, soyons prudents ! Les accidents de type bends sont plus fréquents après une plongée longue à faible profondeur.

• Les autres facteurs : l'hypoxie (très rare en plongée), la présence de CO_2, une mauvaise position d'une partie du corps, les médicaments vasoactifs (qui augmentent ou diminuent le flux sanguin dans certains organes), la respiration à pression négative (détendeur dur à l'inspiration), la respiration à pression positive (expiration difficile, Valsalva au palier ou à la remontée), le froid sont des facteurs défavorables pour la décompression.

La conduite d'une bonne décompression

Les plongées au mélange amènent le plongeur à conduire sa décompression avec rigueur, plus encore que dans le cadre de la plongée récréative.

Rôle de l'exercice

En profondeur, l'exercice augmente l'absorption des gaz. Il y a donc intérêt à réduire les efforts en profondeur. En revanche, pendant la

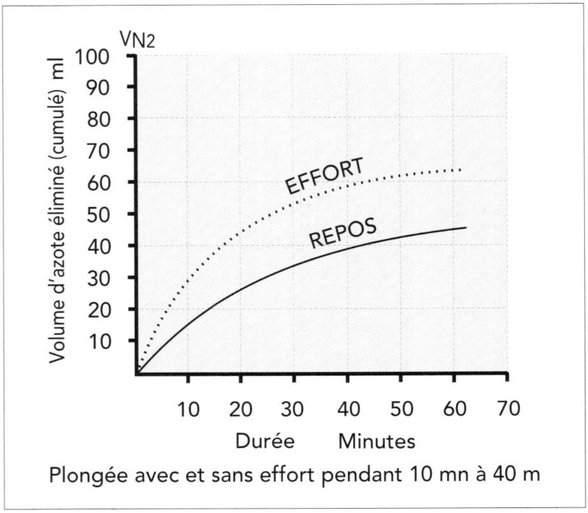

Courbe de rinçage en fonction de l'activité physique

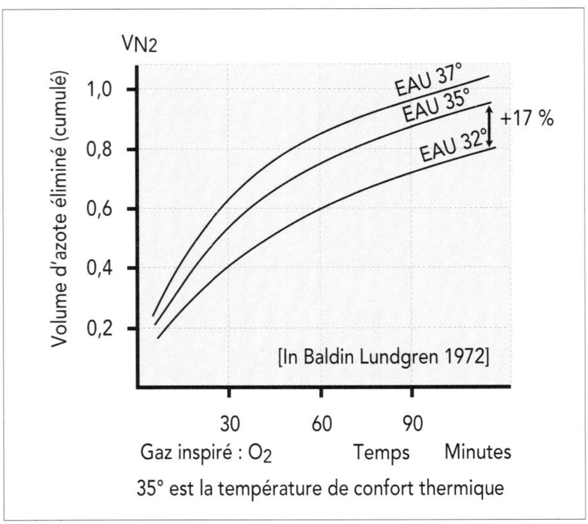

Courbe de rinçage en fonction de la température

décompression, un léger exercice accélère l'élimination des gaz inertes par augmentation du flux sanguin.

Rôle de la protection thermique

Le confort thermique améliore sensiblement la décompression en favorisant le drainage de toutes les parties de l'organisme. Le plongeur doit soigner tout particulièrement cet aspect de son équipement.

Rôle de la position

Les expériences ont montré que la position verticale tête en haut, qui provoque un léger effort inspiratoire, améliore l'élimination des gaz. De même, l'immersion entraîne une meilleure élimination que la décompression à sec.

Rôle de la contre-diffusion isobare

Dans les tissus aqueux l'hélium rentre plus vite que l'azote ne sort. Il y a augmentation des bulles si

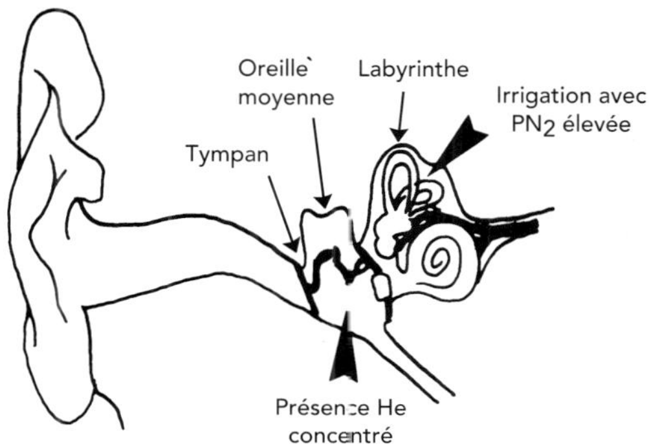

La présence d'He dans l'oreille moyenne peut provoquer un accident vestibulaire par un phénomène de contre-diffusion isobare.

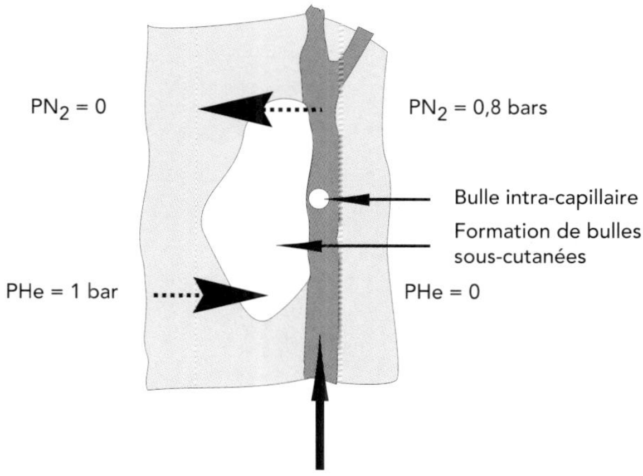

Les tissus sont alimentés par diffusion cutanée en hélium et par diffusion sanguine en azote.

Phénomène de la contre-diffusion isobare

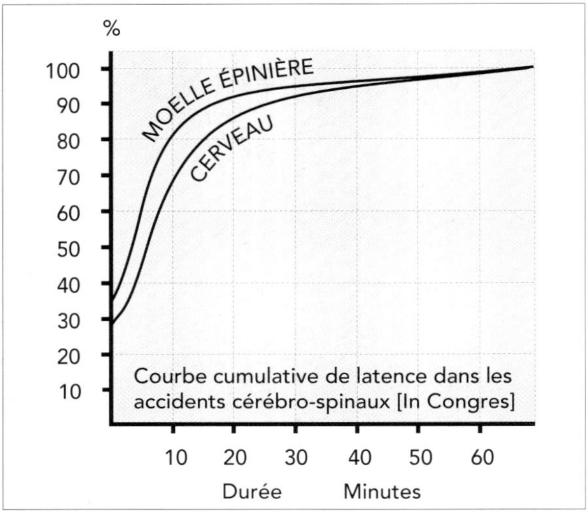

Période de latence

l'on change de gaz de l'azote vers l'hélium. C'est si important qu'on peut détecter la formation de bulles au niveau de la mer en dehors de toute plongée ! De même, l'hélium est relaché plus vite que l'azote au cours de la décompression. Par conséquent, on observe l'effet inverse de sub-saturation isobare quand on quitte l'hélium pour l'azote d'où l'intérêt de l'air et des surox O_2/N_2 après une plongée à l'hélium.

Le phénomène de contre-diffusion isobare peut être dangereux pour les plongeurs à saturation. Bien qu'on puisse considérer que les compartiments courts puissent être saturés en plongée sportive, il n'a jamais été observé d'accident de décompression dû à la contre-diffusion isobare dans le cadre des plongées d'intervention en dehors de l'atteinte labyrinthique chez le plongeur d'intervention à l'héliox (voir page 42).

La contre-diffusion peut se faire à travers la peau. L'argon diffuse plus rapidement que l'azote. Cependant, l'expérience montre qu'il peut être utilisé sans danger pendant les paliers comme isolant thermique dans la combinaison, alors que l'hélium dans la combinaison peut provoquer un effet de contre-diffusion favorisant un accident de décompression. Il est important de bien purger sa combinaison si on y a mis de l'hélium en profondeur.

La contre-diffusion isobare a été mise en évidence pour la première fois chez des sujets qui respiraient des mélanges nitrox alors qu'ils étaient dans une atmosphère O_2/He. Ces personnes développaient

Plongeur faisant un effort : franchissement d'une trémie

Plongeur faisant un effort : portage

> **COMMENT CONDUIRE UNE BONNE DÉCOMPRESSION?**
>
> • Limiter les efforts en profondeur. Ceux-ci augmentent la dissolution de gaz.
> • Respecter les paliers profonds et la vitesse de remontée pour ne pas former trop de microbulles ; celles-ci ralentissant le dégazage.
> • Avoir chaud aux paliers.
> • Adopter une position verticale aux paliers.
> • Effectuer un léger exercice aux paliers.
> • Utiliser le plus possible nitrox et O_2 sans dépasser 1,6 bar

des lésions cutanées sévères. Seules les régions exposées à l'hélium étaient atteintes. Le même phénomène se produit dans les tissus profonds lorsque le plongeur change de gaz respiratoires.

L'atteinte labyrinthique chez le plongeur d'intervention à l'héliox est relativement fréquente au moment où il reprend l'air pour les paliers de décompression. Lorsque le plongeur descend il compense en injectant de l'héliox dans les oreilles moyennes. A la remontée, les cavités creuses, sinus et oreille moyenne sont donc remplies d'héliox. Le plongeur n'a aucun moyen de “ rincer ” ces cavités. Il respire alors de l'azote. Le phénomène de contre-diffusion à travers la paroi qui sépare l'oreille moyenne de l'oreille interne peut provoquer l'apparition de bulles et une atteinte labyrinthique dont les conséquences sont très souvent une invalidité fonctionnelle définitive.

A la sortie

N'oublions jamais qu'à la sortie, si la décompression est terminée, l'élimination des gaz inertes se poursuit. Aussi faut-il respecter les points suivants :

• boire afin de rétablir l'équilibre hydrique modifié par la plongée. Il faut boire plus que sa soif.

• éviter les efforts, l'alcool, un repas lourd, une exposition au soleil ; ces facteurs ont en commun de modifier significativement les flux sanguins.

Intérêt de l'oxygène

Si la concentration de l'O_2 est augmentée, la pression partielle des gaz inertes est diminuée et l'élimination en est donc accélérée.
De plus, s'il survient des bulles, l'hyperoxie minimise les dégâts tissulaires.
Les bulles se résorbent dix fois plus vite en respirant l'O_2 pur au lieu de l'air; les expériences l'ont montré (ce qui ne veut pas dire que la décompression se fasse dix fois plus vite).
Les tables sont calculées en estimant que respirer l'O_2 pendant la décompression correspond à respirer un mélange O_2/N_2 80/20 (en tenant compte de la vasoconstriction due à l'hyperoxie). Au-delà de 2 bars, l'O_2 se comporte en partie comme un gaz inerte mais les sportifs ne dépasseront pas 1,6 bar de PO_2.

Les limites physiologiques de la plongée à l'air

La narcose

Elle est la conséquence de la **toxicité neurologique** des **gaz inertes**.
Les symptômes sont variables d'un individu à l'autre selon le gaz inerte utilisé et selon les circonstances d'exposition. Ils apparaissent dès le seuil de pression partielle caractéristique de chaque gaz et augmentent avec la profondeur ; le retour à la normale est instantané à partir de la pression seuil.
Pour l'azote, les manifestations sont nettes à partir de 4 bars, soit 40 mètres. Les plongées fréquentes permettent d'augmenter la

tolérance personnelle qui disparaît après quelques semaines sans plonger; le froid, la fatigue, les exercices musculaires, la perte des repères visuels diminuent cette tolérance.
Signes subjectifs: modifications de l'humeur et du comportement (diminution de l'attention, fuite des idées, sensation d'activité fébrile, désintérêt vis-à-vis de l'environnement, perte du sens de l'orientation, modification de la sensation du temps, viscosité mentale, augmentation du dialogue intérieur, ordres récents mal exécutés, perte de la mémoire immédiate, euphorie ou anxiété, instabilité de l'humeur, fantasmes).
Signes objectifs: force musculaire diminuée, altération de la coordination (travaux fins mal exécutés, écriture déformée), tact diminué, seuil douloureux augmenté, troubles de l'équilibre.
La narcose n'est pas le fait exclusif de l'azote, c'est celui des gaz inertes; plus le poids moléculaire est élevé plus la narcose est rapide d'où l'impossibilité de remplacer l'N_2 par autre chose que l'He ou l'H_2 (le néon est moins narcotique que l'azote mais il est cher). Les signes sont variables selon les gaz. Avec l'hélium on observe un effet excitant plutôt que narcotique qui n'apparaîtrait qu'à 1000 mètres chez l'animal (!) mais d'autres problèmes surviennent avant.

nature du gaz:	N_2	Ar	Kr	H_2	He
pression partielle narcosante:	4	2,5	0,8	30	>50

En outre, les gaz inertes se dissolvent dans les lipides des membranes cellulaires et empêchent alors le passage de l'O_2. L'hypoxie qui en résulte serait un facteur aggravant de la narcose. L'augmentation de PO_2 dans le mélange retarde la narcose. On a montré qu'en profondeur la "normoxie" est de l'ordre de 0,4 bar (ceci n'est pas un problème, on est bien au-delà dans les mélanges) ; c'est cependant un problème pour la saturation car la PO_2 ne peut excéder 0,4 à 0,5 bar en longue durée.

Plus le mélange est dense, plus la ventilation est difficile et favorise une augmentation de PCO_2, qui en dehors des problèmes d'essoufflement favorise la narcose. Si le plongeur ventile mieux, le seuil de narcose est reculé. La narcose a donc un impact neurologique, celui-ci intéresse essentiellement les structures supérieures (cortex) et perturbe la pensée. Ce phénomène se situe au niveau de la membrane cellulaire mais bien des inconnues persistent.

En fait, si certains ont l'habitude de parler de narcose aux gaz inertes, d'autres pensent qu'il convient plutôt de distinguer sous des vocables différents les effets des gaz inertes.
N_2 : effet narcotique, perturbation de l'EEG (électro-encéphalogramme) vers 6 ou 7 bars mais pas d'ondes " téta ".
He : responsable du SNHP, perturbe l'EEG en compression rapide dès 300 mètres avec ondes " téta " ; effet excitant.
H_2 : l'hydrogène a un effet " psycho " que l'on ne trouve ni dans la narcose ni dans le SNHP.

Conclusion : pour un mélange ternaire la PN_2 est étudiée de façon à obtenir 3,5 bars au fond, ce qui correspond à une profondeur à l'air d'environ 34 mètres.
Remarques : L'hélium est le seul gaz utilisable en plongée sportive, l'hydrogène n'étant pas manipulable à cause des risques d'explosion surtout dans la zone qui nous intéresse (le mélange est explosif au delà de 2 % d'O_2) ; de plus, H_2 ne semble pas être inerte sur le plan physiologique ce qui expliquerait " l'anomalie " du tableau p. 44 (H_2 = 30 et He > 50, ce devrait être dans l'autre sens, compte tenu du poids moléculaire).

L'essoufflement

Il est la conséquence de la diminution de l'efficacité respiratoire due aux effets de l'immersion et de la pression. En plongée, nous sommes insuffisants respiratoires et ce d'autant plus que la profondeur est grande.

Effets de l'immersion

La pression hydrostatique augmente les pressions abdominale et pleurale, elle modifie toute la mécanique ventilatoire. En effet, la pression de l'air est identique dans l'ensemble des voies respiratoires alors que la pression extérieure varie entre le cou et le diaphragme en position debout; lorsque nous sommes en position verticale il existe une différence de pression de 40 cm d'eau environ entre la bouche et la base des poumons. En piscine déjà, on est en respiration à pression négative et l'inspiration coûte plus cher en énergie et fait travailler davantage les muscles respiratoires. La pression hydrostatique augmente la quantité de sang (+700ml) dans le thorax et réduit la place disponible pour les échanges gazeux.

A l'expiration dans l'eau, le calibre des petites bronches diminue, les débits ventilatoires sont augmentés pour les hauts volumes et diminués pour les bas volumes; le point d'égale pression se déplace vers les petites bronches. Debout, la pression hydrostatique tend à vider les poumons; tête basse, le volume courant est

EFFORT VENTILATOIRE

L'effort ventilatoire a deux origines :

- la résistance élastique de la cage thoracique d'autant plus importante que le volume inspiratoire est grand
- la résistance visqueuse du gaz, qui augmente en fonction du carré de la masse de gaz respirée par unité de temps.

L'organisme règle fréquence et volume respiratoire pour minimiser l'effort total. En profondeur, la résistance visqueuse devient prépondérante. Le plongeur réagit en utilisant un grand volume respiratoire et une fréquence faible.

remonté par rapport à sa position de référence.
Conclusion : en plongée, tête en haut, inspiration dure ; tête basse, inspiration facile mais expiration difficile ; dans les deux cas le travail des muscles respiratoires est accru. En cas de menace d'essoufflement il faut rester tête en haut.

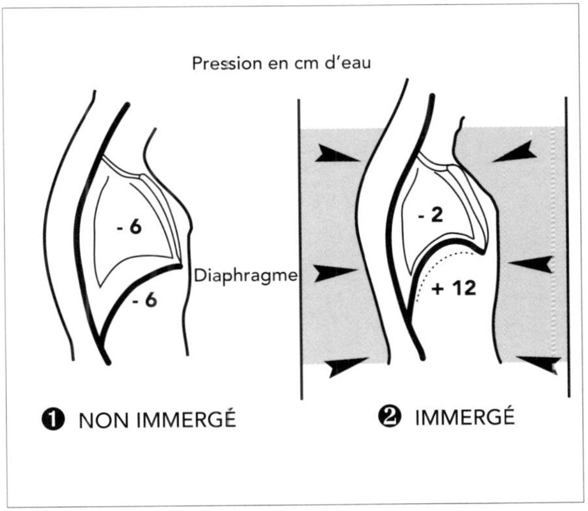

Modification des pressions pleurales en et hors immersion

Effets de la pression

En profondeur, l'augmentation du nombre de molécules dans les voies respiratoires entraîne une augmentation des résistances dynamiques et une diminution des débits maximaux.

A 50 mètres à l'air pour un sujet sain les débits sont amputés de 50 % (à l'air en normobarie la ventilation maximum par minute est de 35 fois le volume expiratoire maximum par seconde — possible sur 15 à 20 secondes). Les diminutions des capacités respiratoires sont fonction de la racine carrée de la masse volumique. Pour mieux illustrer ce propos, nous indiquons la profondeur équivalente qui est la

ESSOUFLEMENT: PREMIÈRE CAUSE D'ACCIDENT EN PLONGÉE PROFONDE À L'AIR!

La plupart des accidents mortels en profondeur sont imputables à l'essouflement et non à la narcose. Les sources d'essoufflement les plus fréquentes sont:
• mauvais équilibrage
• effort de palmage trop intense, notamment dans la manœuvre de remorquage ou en cas de lutte contre le courant.
• manœuvre non maîtrisée, décapelé, perte d'assiette, état de panique qui peut d'ailleurs être due à la narcose.

profondeur à laquelle l'effort respiratoire en respirant de l'air est égal. Ainsi à une profondeur de 90 mètres, l'aisance respiratoire au trimix est la même qu'avec de l'air à 43 mètres. L'aisance est donc assez grande mais les risques d'essoufflement ne sont pas totalement écartés. L'héliox offre un confort respiratoire encore meilleur puisqu'à 90 m l'aisance est la même qu'à l'air à 17 mètres.

Mécanismes de l'essoufflement

L'essoufflement est dû à des facteurs mécaniques : le travail des muscles respiratoires est augmenté (intérêt de l'entraînement). L'hypercapnie n'est qu'une conséquence de la fatigue et de l'insuffisance respiratoire. Quand le CO_2 augmente, le sujet s'excite et ne peut pas contrôler sa respiration. Contrairement à ce qui est parfois écrit dans les manuels de plongée, le seul moyen pour récupérer d'un essoufflement est de remonter pour que les muscles respiratoires puissent à nouveau travailler efficacement et non d'essayer de calmer le plongeur au fond ce qui aggrave inévitablement son état. Il faut faire la distinction entre un plongeur capable de s'arrêter quand il sent l'essoufflement le guetter, de celui qui “ fait des bulles ”. Le premier n'est pas encore essoufflé alors

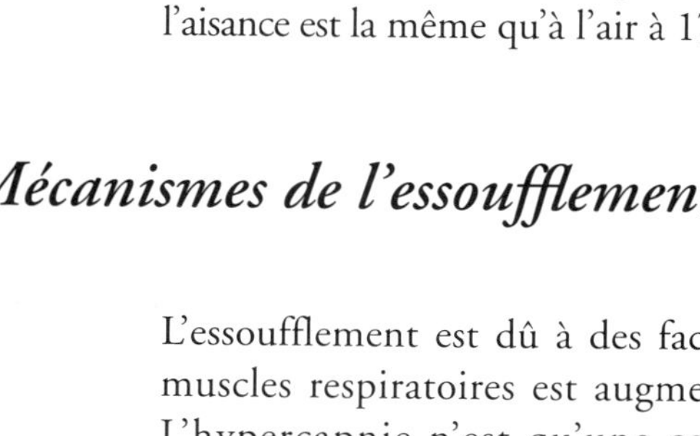

1 Volume courant
2 Volume de réserve inspiratoire
3 Volume de réserve expiratoire
4 Volume résiduel
5 Capacité vitale
6 Capacité résiduelle fonctionnelle

Répartition du volume pulmonaire

que le second l'est. Ne pouvant être raisonné, il faut le remonter de toute urgence. On conçoit donc qu'en plongée spéléo un essoufflement véritable est, du fait de l'impossibilité de remonter, interdit.
Les mélanges (ternaire ou binaire) diminuent donc le risque d'essoufflement en diminuant la masse volumique et en diminuant le travail des muscles respiratoires (en ternaire PN_2 max = 3,5 bars).
Il faut aussi noter que la résistance du détendeur qui s'accroît avec la pression est un facteur de risque supplémentaire.

L'hyperoxie

L'effet Paul BERT est la conséquence de la **toxicité neurologique de l'oxygène**. Il se manifeste par des crises convulsives d'apparition brutale, souvent sans signes avant-coureurs, qui pourraient alerter le plongeur (rétrécissement du champ visuel, malaise, contractions involontaires des muscles des lèvres). Le temps de latence est variable selon les individus et selon les circonstances d'exposition (PO_2, froid, efforts, forme).
Par principe, on ne dépassera jamais 1,6 bar de pression partielle d'O_2. Les mélanges sont étudiés pour donner une PO_2 de 1,4 bar à la profondeur maximale d'utilisation. En décompression, on ne prendra l'O_2 qu'à 6 mètres et on

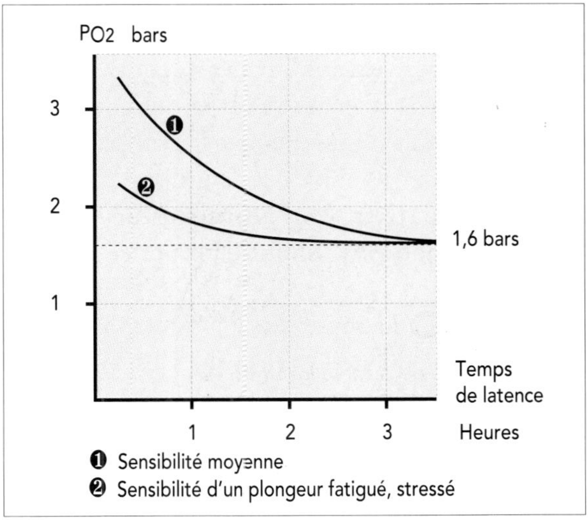

Sensibilité à l'oxygène
Crise neurotoxique

OXYGÈNE : DANGER DE MORT!

La pression partielle d'oxygène doit être strictement comprise entre 1,6 bar et 0,17 bar. Au dessus de 1,6 bar, le risque de crise convulsive devient important. En dessous de 0,17 bar, le risque de syncope hypoxique devient très probable. Ces deux accidents ne présentent aucun signe avant-coureur net.

• Ne pas prendre l'oxygène en dessous de 6 mètres au palier.
• Calculer ses nitrox pour ne pas dépasser 1,6 bar ou mieux encore 1,4 bar de PO_2.
• Ne pas utiliser en surface de mélanges ternaires dont la teneur en O_2 est inférieure à 18%.

calculera le surox de façon à rester en-deçà de 1,6 bar d'O_2.

Remarques :
• les tests de susceptibilité à l'O_2 qu'on pourrait effectuer en caisson n'ont pas de signification.
• les plongeurs professionnels prennent l'O_2 plus profond, mais ils décompriment en tourelle ou en bulle au sec ; dans de telles conditions, une crise convulsive est récupérable (le temps de latence est par ailleurs plus long, les signes avant coureurs sont mieux perceptibles) et n'entraine pas de risque de noyade (abaissement rapide de la PO_2, intervention secours du camarade). Pour le sportif qui prend l'O_2 dans l'eau la crise convulsive ne pardonne pas.
• l'oxygénothérapie hyperbare (en cas d'accident de décompression par exemple) peut utiliser l'O_2 à une pression de 3 bars mais le patient est conditionné pour cela par une médication anticonvulsivante appropriée.

➲ La sensibilité à l'O_2 augmente avec l'effort, on ne peut pas faire confiance à la courbe ; 1,6 bar reste pour le sportif la limite à ne pas dépasser.

Il est conseillé toutes les 20 à 30 minutes de “ rincer ” à l'air pendant 5 minutes sans comptabiliser ces 5 minutes dans le temps de décompression.

L'effet Lorrain-Smith

Il est la conséquence de la **toxicité pulmonaire de l'O_2**. Cette toxicité apparaît pour une PO_2 plus faible mais maintenue plus longtemps que pour l'effet Paul Bert.

Signes cliniques: chaleur, brûlures, picotements rétro-sternaux puis toux, dyspnée, insuffisance respiratoire aiguë puis détresse respiratoire.

La cause est un œdème lésionnel dû à l'inflammation produite par l'hyperoxie qui endommage le surfactant (film protéique recouvrant les alvéoles et qui permet les échanges gazeux).

Au début, le phénomène est entièrement réversible, il se produit en quelques heures une simple diminution de la capacité vitale. Ici aussi, la tolérance est très variable d'un individu à un autre.

L'EFFET LORRAIN-SMITH

Mentionnée dans tous les cours de plongée sportive, la toxicité pulmonaire de l'oxygène ne concerne que très rarement les sportifs. Il faut pour en ressentir les premiers effets réaliser des plongées extrêmes comme :

- 300 minutes à 30 mètres avec un nitrox 40%
- 480 minutes à 20 mètres avec un nitrox 40%

Des plongées dépassant 10 heures sont effectuées chaque année par des plongeurs souterrains. Ceux-ci n'ont pas eu de problèmes de toxicité pulmonaire.

Tenir compte de la toxicité pulmonaire de l'oxygène et de sa tolérance permet de dépasser pour un temps limité 0,5 bar d'O_2 pour faciliter la décompression: 1,4 bar au fond, 1,6 bar aux paliers.

Il est conseillé toutes les 20 à 30 minutes de “rincer” à l'air pendant 5 minutes sans comptabiliser ces 5 minutes dans le temps de décompression.

La toxicité pulmonaire se mesure:
L'UPTD (Unit Pulmonary Toxic Dose) est l'unité de dose toxique pulmonaire.

Une UPTD correspond à l'exposition à un bar d'O_2 pendant une minute.

UPTD = f (t, PO_2) $$UPTD = t \times \left[\frac{0,5}{PO_2 - 0,5} \right]^{-0,833}$$

Les professionnels estiment correcte une décompression si, en surface, on a accumulé moins de 600 UPTD.
600 UPTD entraînent une diminution moyenne de la capacité vitale de 2 % .
Attention : les UPTD ne concernent pas l'effet Paul Bert.
La formule de Hardwing permet d'estimer la diminution de la capacité pulmonaire :
% delta CV = -9 x 1000 (PO_2 - 0,5)t

Exemple : plongée à 90 mètres avec
O_2 : 14 % N_2 : 40 % He : 46 %
temps de plongée : 15 minutes

profondeur	temps	PO_2	UPTD
90	15	1,4	24,5
de 90 à 35	6	1 env	6
35 (air)	3	0,9	2,5
30	4	0,8	2,6
27	5	0,74	2,7
24	5	0,68	2,1
21	6	0,61	1,7
18	14	0,56	2,4
15	17	0,5	0
12	23	< 0,5	0
9	42	< 0,5	0
6 (0_2)	54	1,6	104,1
de 35 à 6	20	0,6 env	5,2
		total :	153,8

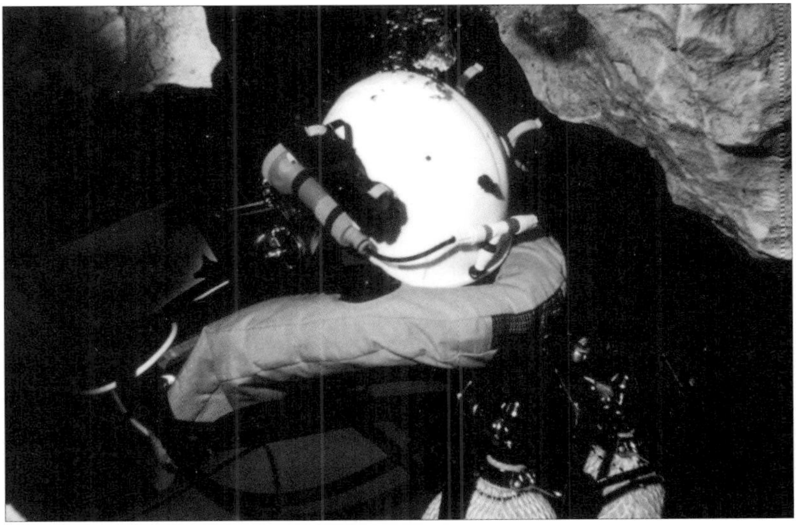

Plongeur faisant un palier à l'oxygène

Narguilé d'oxygène

Bouteille 50 litres d'oxygène à la sortie d'un siphon

Les limites physiologiques de la plongée au mélange

Introduction

L'utilisation de l'air limite la profondeur des plongées. Rappelons brièvement les facteurs limitatifs :

- la narcose à l'azote qui est nette dès 40 mètres provoquant une diminution des capacités intellectuelles et physiques.
- le risque d'essoufflement dû à la densité de l'air ; risque mortel en plongée souterraine.
- l'hyperoxie sous sa forme neurotoxique brutale qui menace le plongeur à l'air au-delà de 70 mètres.

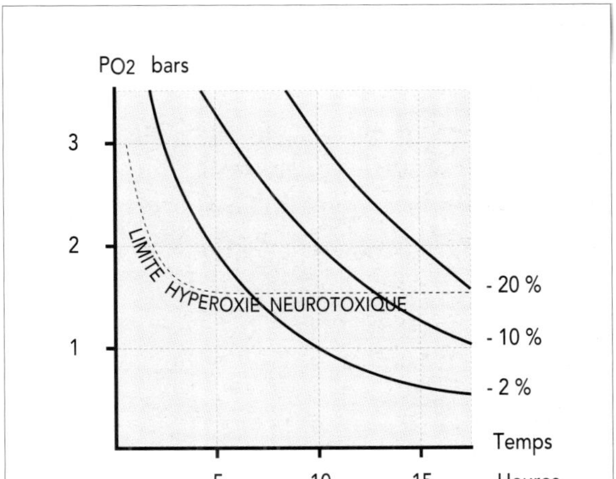

Diminution de la capacité vitale
Effet Lorrain-Smith

Pour pallier ces divers problèmes, l'idée de remplacer l'azote par un autre gaz neutre est apparue au début du siècle. L'hélium s'est imposé comme le gaz diluant le plus intéressant. La gamme des mélanges contenant de l'hélium est vaste. Elle permet de supprimer la narcose, de diminuer le risque d'essoufflement en abaissant la densité du gaz, de supprimer le risque d'hyperoxie en règlant la teneur en oxygène en fonction de la profondeur. Toutefois, de nouvelles difficultés apparaîssent, spécifiques à la plongée au mélange :

- le risque d'hypoxie en surface
- le risque d'hyperoxie en cas d'erreur d'utilisation
- le froid
- la pression du temps
- la durée de la décompression
- l'hyperoxie chronique
- les problèmes de compression
- le SNHP
- syndrôme myo-articulaire.

L'hypoxie

Au-dessous d'une pression partielle de 0,17 bar d'O_2 (17 % d'O_2 en surface), le plongeur peut être confronté à une syncope hypoxique (du même genre que le rendez-vous syncopal des 7 mètres bien connu des apnéistes). Aucun capteur nerveux ne permet de détecter le manque d'oxygène. Par conséquent, la syncope hypoxique n'est précédée d'aucun signal avant-coureur. Elle menace le plongeur qui utiliserait certains mélanges fond en surface.

Le froid

Ce sujet est si crucial qu'il fera l'objet d'une publication spécifique. Les capteurs nerveux du froid sont cutanés et profonds (hypothalamus). On notera l'absence de capteurs au niveau des poumons.
Dans le cas d'une agression cutanée violente, les réactions sont essentiellement nerveuses : hyperventilation, frissons intenses, vasoconstriction réflexe, spasmes, syncope et noyade.

Dans le cas d'une agression lente (cas du plongeur habillé en général), les réactions nerveuses sont réduites, voire absentes. La température centrale diminue, l'organisme réagit en produisant plus de chaleur et en réduisant ses pertes thermiques par vasoconstriction. Les premiers symptomes graves apparaîssent vers 35 degrés : nausées, crampes, troubles du rythme cardiaque. La syncope survient vers 32 degrés.
Soulignons l'absence de réaction au refroidissement d'origine pulmonaire. Ce refroidissement essentiel en plongée profonde est donc sournois.

Thermogénèse
L'organisme produit de la chaleur. C'est le phénomène de thermogénèse. Donnons quelques chiffres.

- au repos et à jeun 60 à 80 watts
- au repos en ayant froid 250 watts
- effort modéré (palmage soutenu) 300 watts

Qand on a froid, l'organisme augmente sa production de chaleur, elle peut atteindre 250 watts. Toutefois, sur une durée de quelques heures, l'épuisement limite cette production de chaleur à 150 watts environ.
Ces données varient naturellement d'un individu à l'autre.

PLONGÉE PROFONDE AU MÉLANGE TERNAIRE: LES DANGERS CHANGENT

Le plongeur à l'air est habitué à classer les risques selon les catégories suivantes :
- pour un débutant : noyade, surpression pulmonaire, autres barotraumatismes;
- les risques changent de nature pour un plongeur confirmé : essouflement, accident de décompression, narcose;
- dans le cas de la plongée au mélange ternaire, les risques changent encore de nature : froid, dépassement du temps, accident de décompression

Pertes par respiration
En plongée, l'air inspiré est couramment à une température inférieure à 10 degrés. L'air ou les gaz expirés sont portés à une température voisine de 30 degrés. La dépense d'énergie pour

réchauffer et humidifier ces gaz est proportionnelle à la quantité de gaz inspirés, et par conséquent à la profondeur.
A 100 mètres, la perte thermique est de l'ordre de 100 watts pour un plongeur qui ventile 20 l/mn. A 50 mètres, cette perte thermique est de l'ordre de 60 watts.
Soulignons encore l'absence de réactions nerveuses et donc, de défense contre ce type d'agression thermique. En outre, les réactions à cette agression, qui apparaissent tardivement entraînent une hyperventilation, elle même génératrice de pertes thermiques. C'est, en profondeur, un cercle vicieux.

Pertes cutanées
Elles sont dues à la convection et à la conduction des fluides qui entourent le plongeur.
La formule générale qui donne les pertes thermiques est :

perte = (37 - temp. eau) / (k1 + k2 + k3 + k4)

Il est commode de considérer que nous sommes protégés par plusieurs couches de vêtements ; par exemple :
- couche limite d'eau k1 = 0,003 à 0,015 deg/watt
- néoprène 7 mm k2 = 0,09 deg/watt
- souris 5 mm air k3 = 0,07 deg/watt
- couche graisseuse k4 = 0,025 à 0,07 deg/watt

L'air a une conductivité bien plus faible que celle de l'eau. Les matières plastiques, le caoutchouc, les fibres ont des conductivités intermédiaires. Il en résulte que la meilleure protection thermique est l'air que le plongeur interpose entre l'eau et lui.
Un plongeur équipé d'un vêtement sec 7 mm, d'une souris 5 mm, d'une corpulence moyenne, et dans de l'eau calme (k1=0,014) à 10 degrés perd donc 130 watts... auxquels il faut rajouter les pertes respiratoires.

Le schéma à droite montre, pour un plongeur équipé d'une combinaison sèche, l'importance des pertes thermiques en fonction de la profondeur.
On constate qu'au-delà de 100 mètres les pertes par respiration sont souvent plus importantes que celles par conduction/convection.

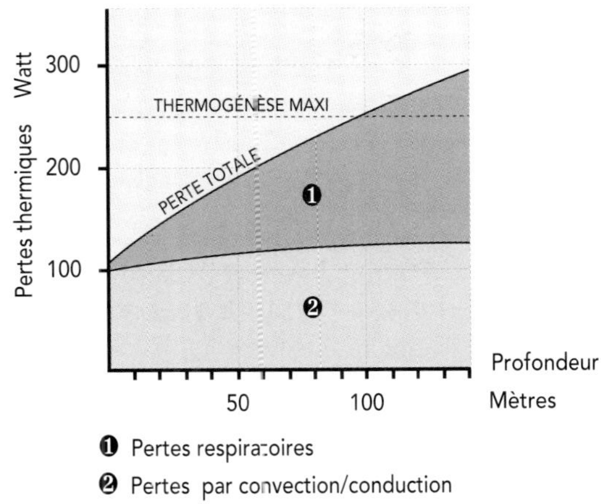

Exemple de diagramme de pertes thermiques

Ces pertes deviennent telles qu'au delà de 80 mètres la thermogénèse ne permet pas de les compenser et que l'abaissement de la température centrale est inévitable.
Remarque : au-delà de 120 mètres de profondeur d'après la règlementation (avant quand c'est possible), les plongeurs professionnels doivent respirer des gaz réchauffés et ont une circulation d'eau chaude dans leur combinaison. Etant donné les problèmes posés par le froid, il est bien entendu préconisé d'utiliser une combinaison étanche même en plongée sportive.

Dette thermique

Un déficit thermique provoque un abaissement de la température centrale d'environ 1 degré par watt heure et par kilo. Ainsi, un individu de 75 kg exposé à une dette thermique de 75 watts, se refroidit d'un degré par heure.

Remarque : Les mélanges contenant de l'hélium provoquent une perte thermique plus faible que l'air. En effet, la quantité d'énergie nécessaire pour réchauffer l'hélium est moins importante que celle

nécessaire pour réchauffer l'air. En revanche, l'hélium étant plus conducteur de la chaleur, les échanges se font de façon très violente dans la partie supérieure des voies respiratoires. Les muqueuses, à cet endroit, sont thermosensibles et leur refroidissement brutal provoque des réactions nerveuses extrêmement inconfortables et une secrétion abondante au binaire, atténuées par l'emploi du ternaire.
En revanche, la présence d'hélium dans la combinaison ou dans la tourelle entraîne un accroissement considérable de l'échange thermique cutané.
Au total, un plongeur qui respire de l'héliox en ayant la peau au contact de l'héliox, se refroidit plus vite que dans les mêmes conditions au ternaire ou à l'air; c'est pourquoi l'héliox a cette réputation de "grand froid".

La pression du temps

Lors de plongée aux mélanges ternaires, le temps devient un paramètre essentiel et crée une pression considérable sur le plongeur. Cette " pression du temps " provient de deux phénomènes: l'autonomie qui fond et la durée des paliers qui augmente.
• l'autonomie: les bouteilles, même très grosses, se vident extrêmement vite. Ainsi à 110 mètres, un plongeur consomme ses tiers sur un scaphandre bi 18 en 10 minutes environ. Une petite erreur de manipulation de fil d'Ariane, une difficulté à s'équilibrer et le temps s'écoule mettant le plongeur en risque d'autonomie. Cela revient à plonger avec deux fois 6 litres à 30 mètres de profondeur en consommant un tiers de son air avant d'amorcer la remontée.
• la durée des paliers: une erreur de 5 minutes sur la durée du séjour fond entraîne une augmentation tragique de la durée des paliers. Ainsi, à 100 mètres de profondeur, 5 minutes de trop

entraînent un allongement des paliers de 1 heure 40 minutes. Ce n'est pas très grave si on a prévu les bouteilles nécessaires. C'est de toute façon très inconfortable. De même, une erreur de planing à la remontée, trop lente par exemple, un séjour trop important dans les paliers profonds (à 100 mètres les premiers paliers sont dans la zone des 50 mètres) entraînent automatiquement le “ repli ” sur des paliers de durée plus importante; il faut passer sur la ligne suivante de la table.

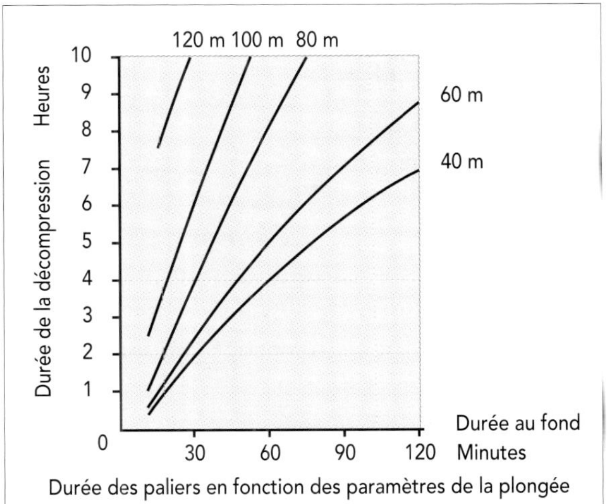

Pression du temps

On ne peut donc envisager des plongées de ce type que lorsque la maîtrise des techniques de base est parfaite et le matériel parfaitement rodé.

La plongée doit être programmée. Les paliers seront équipés pour pouvoir assurer une décompression plus longue en cas de dérive. Ainsi pour une plongée de 15 minutes à 90 mètres les paliers seront équipés pour autoriser une décompression correspondant à une plongée de 20 mn voire 25 mn.

Les tables de décompression

Généralités

Les tables dont on dispose ne sont pas la conclusion mathématique des problèmes de décompression. Elles sont le résultat de l'expérimentation animale puis de l'utilisation par l'homme. Elles sont continuellement à l'étude pour permettre une plus grande sécurité et un temps de décompression compatible avec les facteurs physiques, psychologiques et économiques.
Le respect de la vitesse de remontée au premier palier est un facteur important de bonne décompression, elle est indiquée sur les tables utilisées.

Particularités des mélanges

Les périodes pour l'azote et pour l'hélium sont très différentes. L'hélium diffuse beaucoup plus vite, la saturation sera plus rapide de même que la désaturation. Au début de la décompression le premier palier tiendra donc compte du compartiment le plus court et de l'hélium, le dernier palier du compartiment le plus long et de l'azote.
Etant donné les profondeurs auxquelles sont utilisés les mélanges, la quantité de gaz dissous est rapidement importante, le premier palier sera donc "profond" par rapport aux habituelles plongées à l'air, les derniers paliers seront très longs même si l'oxygène permet de les raccourcir.
Les tables ont été mises au point pour être utilisées avec du matériel très particulier : tourelles d'intervention et caissons de décompression, pour éliminer le risque d'hyperoxie elles doivent

donc être adaptées pour la plongée autonome avec décompression dans l'eau.

Les temps de décompression

Conditionnés par la durée au fond et la profondeur, ils sont longs. Exemples :

mélanges O_2	N_2	He	prof	durée	professionnels : durée de la décompression	sportifs : ajouter
18	42	40	70 m	15 mn	52 mn	9 mn
14	33	53	85	15	150	34
14	33	53	100	15	180	46
14	33	53	100	30	330	62
12	29	49	115	20	295	56
10	23	67	140	20	424	73
9	21	70	150	30	620	126

Les temps de décompression, indiqués sur les tables pour professionnels, doivent être corrigés dans le sens de l'allongement car les professionnels prennent l'O_2 en tourelle dès 12 mètres. Dans le cas particulier des mélanges ternaires, il est admis que la durée des paliers de 12 m et 9 m à l'air s'obtient en multipliant la durée des paliers à l'oxygène par 2,5.

Les effets de la compression rapide

La compression rapide (incontournable en plongée sportive) est responsable au moins en partie des phénomènes suivants :
• la narcose
• le syndrôme myo-articulaire
• le syndrôme nerveux des hautes pressions (SNHP).

La narcose (voir plus avant)

NB : en comprimant très lentement, ce phénomène peut être minimisé voire aboli, il disparaît totalement à saturation. Ce n'est pas la narcose qui limite donc l'emploi de l'air en profondeur pour les professionnels qui travaillent à saturation à l'azote oxygène mais, le risque d'essoufflement.

Le syndrôme myo-articulaire

Des troubles articulaires et musculaires peuvent survenir en fonction de la vitesse de compression. Pour certains, le seuil d'apparition serait dès 80 mètres si on descend à 30 m/mn, à 150 mètres si on descend à 5 m/mn. En pratique, en tourelle, on n'observe guère de problèmes à 30 m/mn jusqu'à 150 mètres (sur les chantiers en saturation le temps normal pour atteindre 100 mètres est d'une heure !).

Symptômes : ils sont provoqués par les mouvements d'amplitude poussée. Douleurs et craquements surtout au niveau des épaules et des genoux, sensation de raideur surtout au niveau des mains et des pieds. A la remontée, il ne reste aucune séquelle.

Mécanisme : ce syndrome serait dû à la différence de tension des gaz dissous entre liquide synovial et cartilage.

En pratique, ce syndrome ne concerne pas le plongeur sportif dont la profondeur d'intervention est limitée à 150 mètres.

Le SNHP

Il apparait à l'heliox à partir de 190 mètres en comprimant rapidement (30 m/mn).

Signes cliniques : tremblements des extrémités, troubles de la vigilance, désintérêt, viscosité mentale, somnolence.

Signes électro-encéphalographiques : anomalies du tracé.

A la décompression le tremblement disparaît vite mais la baisse de vigilance serait plus longue à disparaître.

Mécanisme et causes possibles :

Effet de l'hypoxie : à grande pression la normoxie ne serait pas pour certains de 0,2 bar mais 0,4 à 0,6 ; ceci est contesté.

Dysbarisme osmotique : différence de saturation entre les compartiments.

Le SNHP serait dû à la pression hydrostatique et à la vitesse de compression qui distendrait, sans les casser, les enzymes.

NB : un peu d'azote (5 à 10 %) dans le mélange permettrait de retarder le SNHP.

A l'hydrogène, la narcose apparaît avant le SNHP.

Au-delà de 180 mètres, les professionnels plongent systématiquement à saturation. Le tableau ci-dessous montre les durées minimales de compression et de décompression utilisées dans ce cas.

CONCLUSION

Ce n'est pas parce qu'on ose aller " profond " à l'air qu'on est un bon plongeur, les risques augmentent très rapidement à partir de 50 mètres, profondeur que le sportif même entraîné ne devrait pas dépasser.

Une utilisation correcte des mélanges permet aux sportifs un accès " facile " jusqu'à 75 mètres, " délicat " jusqu'à 110 mètres, " possible " pour les plus motivés jusqu'à 150 mètres.

On peut bien sûr aller au-delà mais si on veut le faire en sécurité il est nécessaire de faire appel aux moyens des professionnels, ce n'est plus du sport, c'est une autre histoire.

profondeur (mètres)	100	200	300
compression (heures)	0, 25	2	24
décompression (jours)	3	6	10

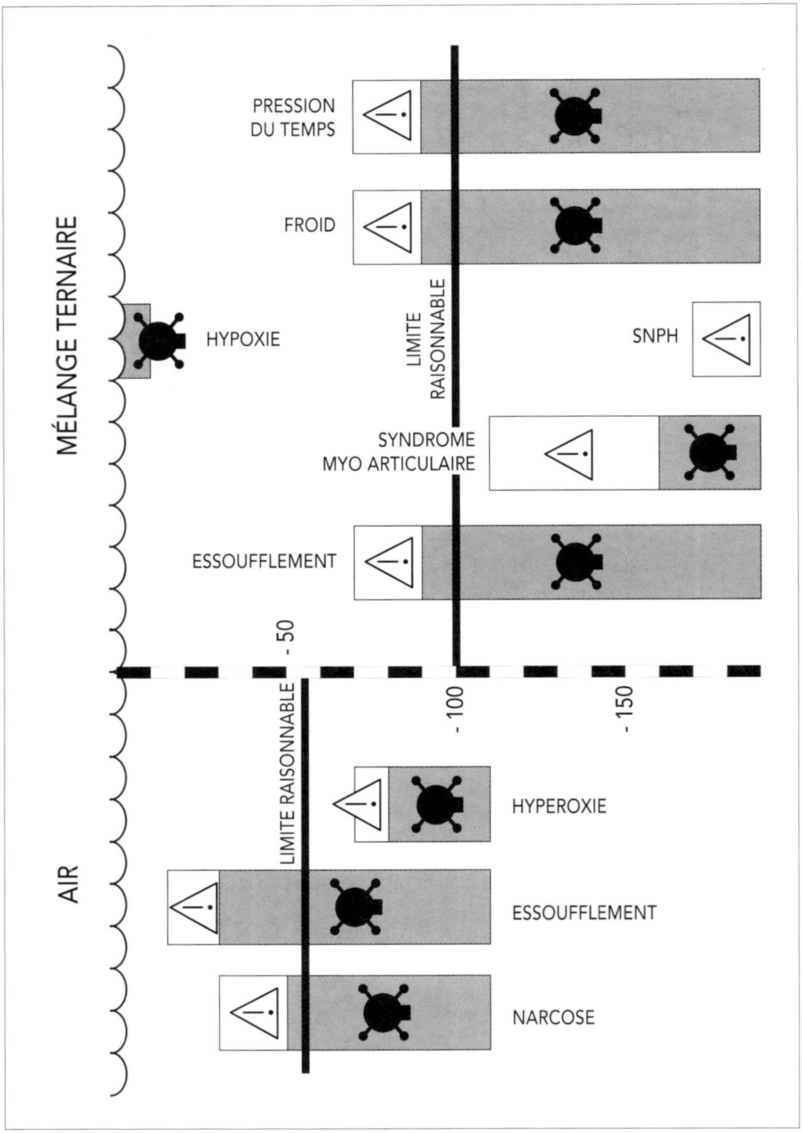

Barrières de la profondeur

Chapitre 3

Calcul des Tables

Un petit retour dans l'histoire permet de mieux comprendre la genèse des tables de plongée et leur philosophie. A la fin du siècle dernier, les scaphandriers pieds lourds et les travailleurs en air comprimé étaient fréquemment atteints par des accidents de décompression qu'on appellait le mal des caissons. Ceux-ci prenaient des formes diverses et variées rendant difficile la recherche de leurs mécanismes. La découverte d'embolies gazeuses a permis à des physiologistes comme Paul Bert d'attribuer les accidents de décompression au dégazage intempestif de l'azote dissous dans l'organisme pendant la plongée.

Au début du siècle, après la mise en évidence de l'origine physique des accidents de décompression liés au dégazage de l'azote, les physiologistes Haldane, Boycott et Damant proposèrent en 1908 un modèle mathématique dont le but était de mettre au point une procédure de décompression.

Le modèle de HALDANE

Deux lois différentes sont nécessaires pour construire le modèle :

- une loi décrivant la saturation et la désaturation de l'organisme.
- un critère définissant les conditions pour lesquelles la désaturation s'effectue de façon dangereuse en créant des bulles.

Les lois décrivant la saturation et la désaturation de l'organisme sont inspirées des lois physiques de dissolution des gaz dans une phase liquide. Il s'agit des lois de Henry et de Dalton que nous avons évoquées au début du chapitre sur la physiologie. Elles ne peuvent cependant pas être utilisées telles quelles du fait de l'hétérogénéité de l'organisme. Pour obtenir un modèle efficace et satisfaisant, il est nécessaire de découper l'organisme en compartiments indépendants de périodes différentes. Ce découpage est arbitraire, en ce sens qu'il ne repose sur aucune identité anatomique (on ne peut pas dire que tel ou tel organe a telle ou telle période). Le mot tissus employé jusqu'à une date récente pouvait prêter à confusion, nous ne l'employons donc que dans son sens anatomique.

Deux règles de bon sens sont cependant observées :

- la période du compartiment le plus long est voisine de la plus longue durée fond pour laquelle les tables sont calculées.
- les périodes sont choisies avec des intervalles croissants.

Les tables du ministère du Travail utilisent :

5 10 20 40 80 120 160 200 240 minutes

Les anciennes tables GERS utilisaient :

7 30 60 120 minutes

D'autres tables utilisent d'autres répartitions des périodes.

Remarques : Chaque gaz se comporte comme s'il était seul (Dalton). L'oxygène ne suit pas la loi de Henry car il est consommé ; de plus, les variations de pressions partielles d'O_2 sont toujours faibles (pas de problème de décompression). Enfin, il est transporté par les globules rouges et pas seulement sous forme dissoute.

Comment exprimer la sursaturation ?

Si les périodes des compartiments sont purement arbitraires, la sursaturation au contraire est exprimée par des données numériques qu'il faut approcher avec soin. D'elles dépend la sécurité des tables.

Les compartiments n'ayant aucune réalité physique il n'est pas possible de procéder à des mesures directes.

Le procédé le plus simple consiste à déduire les coefficients de sursaturation de la courbe de sécurité (méthode MN 90).

Accrochez vous, c'est le passage le plus difficile de cet ouvrage!

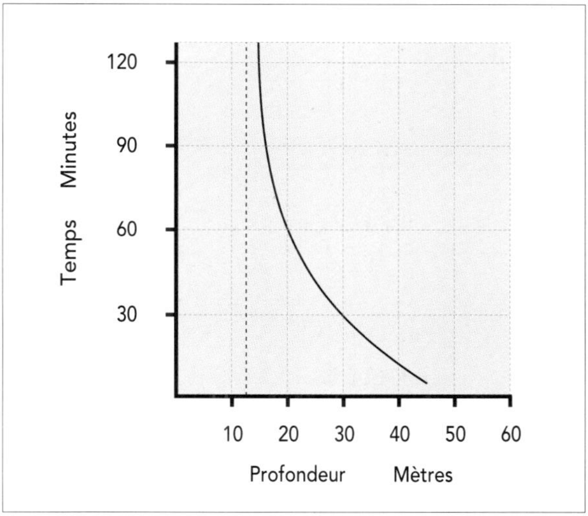

Courbe de sécurité GERS 65

La courbe de sécurité peut s'exprimer par une fonction:

t = t (p) avec p = pression et t = durée de la plongée

Pour chaque compartiment de période T on trace la courbe de saturation du compartiment:

$$ST(p) = 0{,}8 + (0{,}8p - 0{,}8)\,(1 - e^{-0{,}69\, t(p)/T})$$

Cette courbe passe par un maximum qui est la sursaturation critique du compartiment considéré, en surface.

La figure ci-dessus et celle page suivante montrent ces courbes pour les tables du GERS.

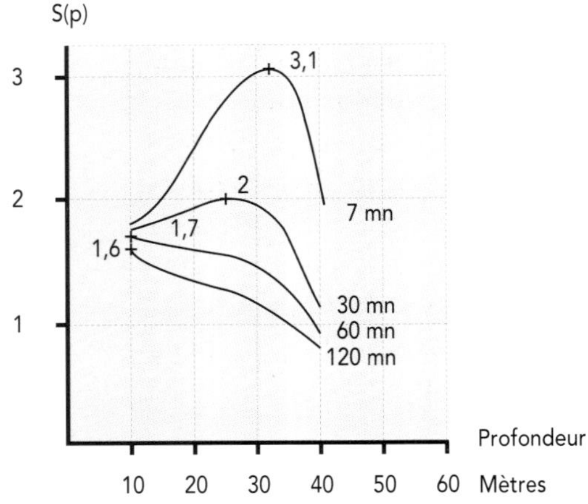

Courbe de saturation des différents compartiments

Ces courbes appellent quelques remarques. Les compartiments courts sont ceux qui possèdent les sursaturations critiques les plus fortes. Ceux-ci sont les compartiments critiques pour des plongées profondes et courtes. A l'inverse, les compartiments lents sont critiques pour des plongées longues.

Comment étendre cette notion de sursaturation critique en surface, lorsque les paramètres de la plongée sont plus sévères et que la sursaturation critique est atteinte en profondeur?

Deux méthodes existent. Elles utilisent:

- le coefficient de sursaturation critique Sc qui exprime que la saturation S est proportionnelle à la pression : Sc = S /p.
  C'est la méthode employée par les tables GERS (65).

Les coefficients de cette table sont:

Sc 7mn = 2,56 Sc 30mn = 1,84
Sc 60mn = 1,6 Sc 120mn = 1,6

Ainsi, à 3 mètres de profondeur, le compartiment 7 mn ne doit pas avoir une saturation supérieure à 2,56 x 1,3 ; le compartiment 30 mn à 1,84 x 1,3 etc.

Cette méthode ne repose sur aucun fondement physique. Plus on s'éloigne de la surface et plus le calcul de la sursaturation critique devient douteux. C'est là un des facteurs qui limite l'extension des tables. C'est (entre autres) pour la même raison que le calcul des tables en haute altitude n'est plus valide et que la sécurité n'est alors plus assurée (voir au chapitre sur l'utilisation des nitrox les problèmes posés par la haute altitude).

- les M values, introduites par Workman définissent pour chaque compartiment et chaque pression une sursaturation critique.

Cette méthode donne une grande souplesse au concepteur des tables qui peut adapter sa table en intégrant des informations supplémentaires. La détermination des M values reste toutefois un problème sans solution autre qu'empirique.
Les tables du ministère du Travail (74) utilisent les M values.
La fiabilité d'une table est basée sur l'absence d'accident de décompression à l'usage!

La méthode de calcul:
Nous n'entrerons pas en détail dans la méthode de calcul dont le lecteur trouvera les développements dans les ouvrages de plongée classiques. Elle repose sur le calcul de la saturation de chaque compartiment pendant la plongée en appliquant les lois de Dalton et le modèle de Haldane; puis, pendant la procédure de décompression, chaque fois qu'on atteint la sursaturation critique, la remontée s'arrête. Le compartiment en cause est alors appelé compartiment directeur. La remontée reprend lorsque la désaturation permet d'atteindre le palier suivant sans qu'aucun compartiment ne soit surcritique, ce qui peut impliquer un changement de compartiment directeur en cours de palier. Plus on remonte, plus le compar-

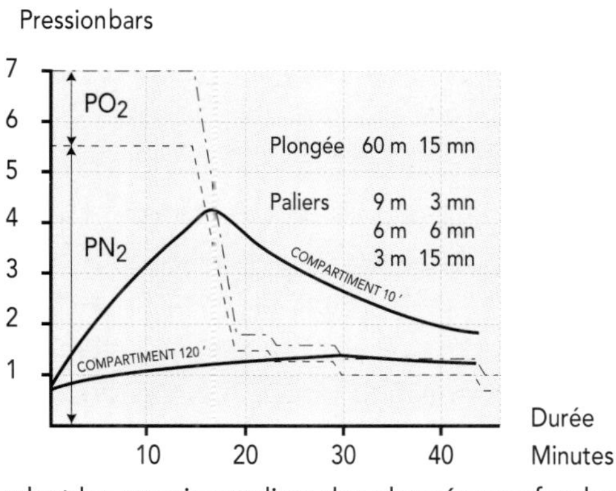

Pendant les premiers paliers des plongées profondes, les compartiments longs continuent à se saturer alors que les compartiments courts se désaturent.

Saturation et désaturation en fonction des compartiments

timent directeur est long et donc plus le palier va être long.

Certaines procédures n'utilisent pas pour la désaturation la même période que pour la saturation. Ainsi, les tables Doris de plongée au trimix utilisent en saturation les compartiments :
5, 10, 20, 30, 60, 120 minutes
et pour les mêmes compartiments des périodes :
10, 20, 40, 60, 120 et 240 minutes en désaturation.

Pour information, nous indiquons ici les procédures de désaturation pour les plongées dites à saturation. C'est un sujet peu décrit dans la littérature sportive puisqu'il sort du cadre, ce sont pourtant les procédures de décompression les plus simples (ce qui ne veut pas dire que les plongées soient simples!).
Le calcul d'une table de décompression ne tient compte que du compartiment dont la période est la plus longue puisque, par définition, tous les compartiments sont saturés. Plus profond que 200 mètres, la vitesse de décompression est de 30 m/jour, autour de 200 mètres la vitesse est de 50 m/jour si on utilise l'hélium, près de la surface, la vitesse est de 1 m/45 mn jusqu'à 10 mètres et de 1 m/60 mn de 10 mètres à 0 avec PO_2 de 0,5 bar.
Lors de l'expérience Hydra VIII qui permit à des hommes de descendre à 534 mètres, un mélange hydréliox fut employé. La descente se fit à l'héliox jusqu'à 250 mètres puis on ajouta l'hydrogène. Vers 500 mètres la composition du mélange était en gros la suivante dans le caisson :

N_2 : 0,8 bar, O_2 : 0,4 bar, H_2 : 25 bars, He : 25 bars

La décompression posait le problème de l'élimination de deux gaz dont les caractéristiques sont différentes. Deux procédures ont été envisagées :

- désaturation isobarique de l'hydrogène en substituant l'hydrogène par l'hélium puis décompression classique ; mais le problème posé par le SNHP quand PHe est autour ou au delà de 30 bars a fait écarter cette solution,

- décompressions successives d'abord de l'hydrogène, ensuite de l'hélium. C'est cette dernière méthode qui fut utilisée.

A la remontée, l'hydrogène fut brûlé sur catalyseur avec l'oxygène du mélange et l'eau récupérée ; ceci se fit à la vitesse de 1 mètre/55 minutes. Ensuite, la décompression de l'hélium se fit au rythme standard de 1m/45 minutes. Le temps de compression fut de 3 jours et 20 heures, le temps de décompression fut de 18 jours.

Plongée profonde d'intervention

Les plongées profondes de courte durée (ou plongées d'intervention) au mélange ternaire s'effectuent selon des protocoles différents.

Les plongeurs remontent du fond au premier palier. Ils prennent souvent l'air à partir de 40 mètres. Ne respirant plus d'hélium, leur désaturation de l'hélium se fait extrêmement vite. Puis au fur et à mesure de leur remontée, ils vont désaturer l'azote.

C'est un compartiment court pour le gaz qui s'élimine le plus rapidement, qui conditionne le niveau et la durée du premier palier.

C'est un compartiment long pour le gaz qui s'élimine le plus lentement, qui conditionne le niveau et la durée du dernier palier.

Pendant les paliers profonds, les compartiments longs continuent à charger du gaz, ceci explique que plus on monte plus les paliers sont longs.

Ainsi, pour un mélange contenant de l'azote et de l'hélium, c'est un compartiment court pour l'hélium qui détermine le palier le plus profond et il est profond (!) et court, c'est un compartiment long pour l'azote qui détermine le dernier palier et il est long (!) et peu profond.

Le respect de la vitesse de remontée est un facteur de bonne décompression, 10 mètres par minute devrait être la règle.

CE QUE L'ON PEUT FAIRE OU NON EN MATIÈRE DE CALCUL

Les modèles de calcul des tables ne sont que des calculs. Pour être fiable, une procédure de décompression doit être expérimentée.

Ce qui est permis:

- Utiliser les profondeurs équivalentes des nitrox pour se référer aux tables à l'air.
- Utiliser les procédures de plongée en altitude jusqu'à 3000 mètres.

Ce qui est interdit:

- Extrapoler les tables au-delà de leurs limites de profondeur et de durée.
- Mélanger les tables pour les plongées successives.
- Recalculer la décompression en utilisant des nitrox à la place de l'air.

Comment modéliser une telle décompression ?
Le modèle employé est encore une fois un modèle de Haldane. L'approximation la plus douteuse consiste à assimiler le mélange des deux gaz à un seul gaz neutre et à calculer les tables en utilisant des coefficients de sursaturation critique ne dépendant pas de la composition relative de ces gaz.
Aussi, les tables calculées par la Marine Nationale pour les profondeurs de l'ordre de 100 mètres utilisaient les coefficients suivants :

Période saturation	5	10	20	40	80	160	200	240
Période désaturation	10	20	40	80	120	160	200	240
coef. sursat. crit.	2	1,65	1,5	1,45	1,45	1,45	1,45	1,45

C'est l'une des raisons pour lesquelles ces tables sont moins fiables après 120 mètres. Reconnaissons quand même que des milliers de plongées ont été effectuées avec ces tables sans accident grave, les seuls problèmes ont été des bends.

Plongées à profondeurs multiples

On les ramènera pour des raisons pratiques à des plongées à double profondeur ce qui permettra l'utilisation de tables de conversion.

Tables de conversion : Procédure Christian Thomas.

Lors de plongées à double profondeur, il est conseillé de commencer par la profondeur la plus grande puis de continuer à profondeur moindre.

Des procédures complexes existent (tables du ministère du Travail 1992, à paraître) pour calculer la décompression pour des plongées à double profondeur de ce type. Ces procédures ne peuvent pas être appliquées lors de plongées au cours desquelles la profondeur la plus importante est atteinte en fin de plongée ; ces plongées sont en effet plus sévères pour la décompression à temps égal passé (voir courbes).

Pour remplacer et généraliser ces procédures d'usage complexe on peut utiliser une procédure mise au point en 1990 par Chritian Thomas (cf Sifons Ile de France n°8 - Paris 1990). Des tables de conversion plus simples aboutissent à des temps de paliers légèrement accrus.

Le principe consiste à convertir la durée de séjour totale dans la zone peu profonde en durée de séjour dans la zone profonde.

Attention ! La conversion ne s'effectue pas dans l'autre sens.

En effet, la saturation d'un compartiment dépend de la profondeur considérée et de la durée d'exposition. La saturation maximale ou saturation limite est uniquement fonction de la profondeur. Ainsi, la saturation de la plus grande profondeur ne pourra jamais être atteinte par l'augmentation de la durée passée à

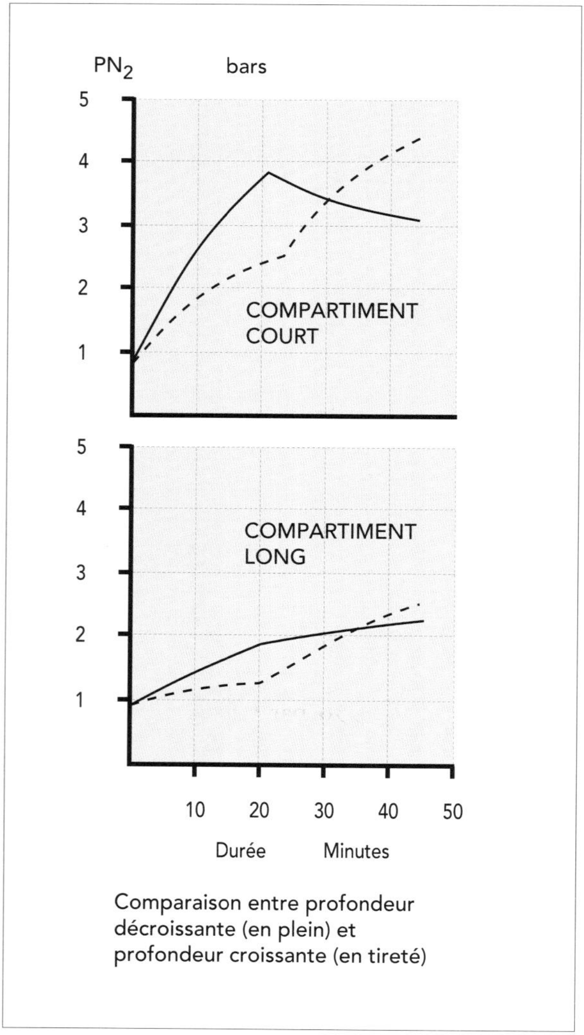

Courbes de saturation en fonction du profil

plus faible profondeur ; en revanche, la saturation à faible profondeur peut toujours être atteinte par une exposition plus courte à une profondeur plus importante.

Pour les décompressions d'assez longue durée, où l'usage de l'oxygène aux paliers est pratiquement une nécessité, cette méthode offre l'avantage de la sécurité et de l'économie de temps. Cette méthode permet d'utiliser les tables classiques et offre donc la possibilité de prendre l'O_2 aux paliers à la différence de l'ordinateur.

Mode d'emploi :
La durée passée à faible profondeur est convertie en temps équivalent à la profondeur maximale en mutipliant cette durée par le coefficient indiqué par la table.

Cette table a été calculée suivant la méthode de Haldane aux conditions menant aux saturations relatives les plus importantes.

Table de conversion

m	10	15	20	25	30	35	40	45	50	55	60
5	0,50	0,32	0,25	0,20	0,16	0,14	0,13	0,11	0,10	0,10	0,10
10	-	0,66	0,50	0,40	0,33	0,28	0,25	0,22	0,20	0,18	0,17
15	-	-	0,75	0,60	0,50	0,42	0,37	0,33	0,30	0,27	0,25
20	-	-	-	0,80	0,66	0,57	0,50	0,44	0,40	0,36	0,33
25	-	-	-	-	0,83	0,71	0,62	0,55	0,50	0,45	0,41
30	-	-	-	-	-	0,86	0,75	0,66	0,60	0,54	0,50
35	-	-	-	-	-	-	0,88	0,78	0,70	0,63	0,58
40	-	-	-	-	-	-	-	0,89	0,80	0,72	0,66
45	-	-	-	-	-	-	-	-	0,90	0,82	0,75
50	-	-	-	-	-	-	-	-	-	0,91	0,83

On notera que le coefficient de conversion est le rapport des profondeurs. Cette procédure bien que non officielle a été validée par les experts professionnels.
NB : Il est bien sûr possible d'utiliser cette procédure avec la profondeur équivalente des nitrox.

UTILISATION DES MÉLANGES

Elle offre de grands avantages par rapport à la plongée classique à l'air. Cependant, les profils et les durées importantes de la plongée imposent classiquement des paliers très longs. Il sera donc particulièrement intéressant de calculer des procédures de décompression spécifiques comme par exemple la procédure de Christian Thomas.

Pour les mathématiciens curieux en voici la courte démonstration.
On démontre sans difficulté que le profil de plongée qui mène à la saturation la plus importante (pour n'importe quel compartiment) est la plongée par profondeur croissante. Si la procédure est correcte dans ce cas précis elle sera conservative pour les autres profils.
Comparons la saturation S d'un compartiment (période T) à la fin d'un séjour à faible profondeur Pf (pression relative) et d'une durée tf, à celle S' qu'aurait ce même compartiment à la fin d'un séjour à profondeur maxi Pm (pression relative) d'une durée donnée par la table d'équivalence c'est à dire tf x (Pf/Pm) = te.

$$S\,(tf) = 0{,}8 + (0{,}8Pf - 0{,}8)(1 - e^{-0{,}69\ tf/T})$$
$$S'(tf) = 0{,}8 + (0{,}8Pm - 0{,}8)(1 - e^{-0{,}69\ te/T})$$

Ces deux fonctions de tf sont des exponentielles. Nous démontrons que quels que soient les paramètres, S'(tf) est supérieur à S (tf).
Pour celà, il suffit de démontrer :

- que l'asymptote de S' est supérieure à celle de S lorsque tf tend vers l'infini.

asymptote S = 0,8Pf
asymptote S'= 0,8Pm

- que la dérivée de S' à l'origine est supérieure à celle de S à l'origine.
  dS/dtf = (0,8Pf - 0,8)(0,69/T x $e^{-0,69\ tf/T}$)
  dS'/dtf = (0,8Pm - 0,8)(0,69/T x Pf/Pm x $e^{-0,69\ te/T}$)
  Lorsque tf = 0 l'exponentielle est égale à 1
  dS/dtf = 0,8 x 0,69/T (Pf - 1)
  dS'/dtf = 0,8 x 0,69/T (Pf - Pf/Pm)
  Pf/Pm étant par définition inférieur à 1 on en déduit que dS'/dtf (o) > dS/dtf (o)

Remarque : on pourrait généraliser cette procédure en considérant plus de deux profondeurs. Ceci augmenterait sensiblement le risque. En outre, les calculs seraient plus complexes rendant plus difficile l'utilisation de cette méthode qui se veut simple.

Intérêt des nitrox

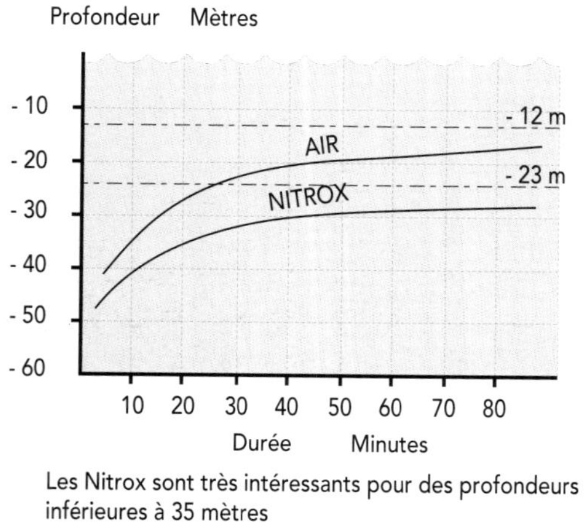

Courbe de sécurité : comparaison entre air et nitrox

Le schéma montre le déplacement de la courbe de sécurité (voir aussi au chapitre utilisation des nitrox).

Les procédures spéciales

Plongées successives

Après le dernier palier, si la décompression est terminée, l'élimination des gaz ne l'est pas. C'est le problème des plongées successives. Différentes procédures ont été imaginées pour pouvoir effectuer en sécurité une deuxième plongée dans un intervalle de temps insuffisant pour éliminer tout le gaz inerte dissous pendant la première immersion ; nous ne revenons pas sur ces procédures qui figurent dans tous les livres. Ces méthodes très astucieuses et perfectionnées ne permettent cependant pas de troisième plongée.

Les noyaux gazeux formés pendant la première plongée, augmentés en nombre, alimentés et éventuellement transportés par la deuxième plongée perturbent la désaturation et rendent impossible un calcul fiable de désaturation.

Remontées catastrophes

La très célèbre méthode de réimmersion à la moitié de la profondeur maximale après intervalle en surface inférieur à 3 minutes pour une durée de 5 minutes puis calcul des paliers considérant qu'il s'agit d'une plongée unique à la plus grande profondeur a largement fait ses preuves, elle est très fiable. Il s'agit cependant non d'une technique sportive mais, d'une procédure réellement thérapeutique. Ceux qui font des remontées catastrophes pour l'entraînement au sauvetage des élèves plongeurs compromettent une harmonieuse désaturation et se retrouvent, pour la plongée de l'après-midi, dans les conditions peu sûres d'une troisième plongée! (on rappelle ici l'intérêt des nitrox). Quand l'exercice est fait à l'air plusieurs fois de suite avec des élèves différents, quelle est la qualité de la désaturation?

CE QUI N'APPORTE AUCUNE GARANTIE

• Répéter ses paliers en caisson lorsqu'on utilise une succession de mélanges. En caisson, le plongeur est au chaud, ne fait aucun effort, n'est pas immergé. Ses conditions de saturation sont très différentes de celles qu'il aura sous l'eau.

• Le test à l'O_2 à 18 mètres. Ce test ne peut pas prévoir la susceptibilité à l'O_2 le jour de la plongée, celle-ci peut être affectée par le stress, l'effort, la fatigue, le froid, etc

• Penser que l'on peut conduire la décompression avec un appareil Doppler. Il n'y a pas de corrélation suffisamment fiable entre importance des bulles détectées et accident de décompression.

Certains professionnels utilisent une procédure de recompression rapide en caisson avec respiration d'oxygène pur, après un minimum de paliers en immersion. Cette procédure dite décompression de surface, pour être fiable, n'autorise pas de plongées successives.

Efforts après une plongée

Combien de temps après une plongée peut-on se permettre de perturber la fin de la désaturation sans risque de faire grossir d'éventuelles bulles (non prises en compte dans les calculs) ? Ce problème n'a pas encore obtenu de réponse.

Les accidents graves (neurologiques) s'observent dans leur grande majorité dans la première demi-heure après le retour à la surface suivant une plongée courte et profonde. On s'abstiendra donc de tout effort important dans la demi-heure après la plongée quels que soient les paramètres.

Pour des plongées de longue durée, les compartiments directeurs sont des compartiments longs, nous pratiquons un temps d'attente avant la reprise des efforts égal à la moitié de la durée de l'immersion (plongée et paliers).

Les ordinateurs de plongée

On leur demande les qualités suivantes : robustesse, fiabilité, calculs de décompression dans des conditions de plongée même complexes, sécurité, économie de temps passé aux paliers.

Sécurité et économie de temps sont difficilement compatibles, les calculs deviennent très hasardeux pour les plongées complexes, l'ordinateur ne peut pas tenir compte de certains paramètres de la plongée notamment le froid et les efforts fournis par le plongeur.

Les ordinateurs sont donc fiables dans la zone que nous appelons plongée récréative mais pas au-delà. Les américains, qui ont la procédure juridique bien ancrée dans leurs moeurs, le signalent le plus souvent dans les notices d'utilisation. D'ailleurs, la majorité des plongeurs reste dans cette zone ce qui permet aux fabricants de toucher la plus large clientèle. La récente expérience des plongeurs souterrains dans leur domaine s'est soldée par plusieurs accidents de décompression.

Certains plongeurs utilisent l'ordinateur associé à des paliers à l'oxygène. Ils font les paliers de 6 m et 3 m à l'O_2 avec les temps indiqués par l'ordinateur. Cette procédure améliore la sécurité sans toutefois garantir dans tous les cas une bonne décompression.
Or, le meilleur moyen pour réduire la durée des paliers, est d'utiliser des mélanges suroxygénés adéquats et la procédure de calcul d'équivalence (voir le chapitre sur les plongées complexes).
Le principal reproche que l'on puisse faire aujourd'hui aux ordinateurs de plongée est de ne pas être soumis à une procédure d'homologation comme le sont les tables de décompression.
Rappelons qu'une table de décompression est calculée puis essayée de façon extensive. Elle n'est qualifiée que lorsque les essais sont réussis. Les ordinateurs ne sont pas essayés.
Il n'existe d'ordinateurs que pour la plongée à l'air, autrement dit, il n'existe pas d'ordinateur pour la plongée aux mélanges.

Chapitre 4

Les mélanges suroxygénés

Un mélange suroxygéné contient plus d'O_2 que l'air c'est-à-dire plus de 20,9 pour cent et moins de 100 pour cent. Les mélanges O_2/N_2 dits nitrox sont les plus courants.

D'autres mélanges suroxygénés sont bien sûr imaginables, leur emploi est plus restreint. Des surox O_2/He, notamment des 50/50, sont utilisés dans certaines procédures de décompression ; on peut aussi évoquer des surox plus complexes comme par exemple : $O_2/N_2/He$ 30/50/20 à utiliser dans le cadre de plongées spécifiques avec des tables "sur mesures".

Nous nous limiterons à l'étude des nitrox.

Les plongées au surox sont limitées en profondeur par l'effet Paul Bert. L'utilisation des surox est particulièrement intéressante à faible profondeur, ils permettent de réduire les temps de paliers en diminuant la saturation en gaz inerte.

Nous développerons le cas particulier des plongées non saturantes qui sont possibles jusqu'à 14 mètres de profondeur au nitrox.

L'utilisation des nitrox pendant la décompression permet également de réduire les temps de paliers. Nous en évoquerons les procédures.

La maîtrise des nitrox permet d'effectuer des plongées en toute sécurité en limitant les temps de décompression.

Profondeurs limites

L'effet Paul Bert (hyperoxie neurotoxique) limite la profondeur des plongées au nitrox.
Cette profondeur limite est donnée dans le tableau suivant pour une pression partielle d'oxygène (PO_2) de 1,6 bar en utilisant la formule classique suivante :

$$\text{prof. limite (mètres)} = 10 \times ((1{,}6 / \%\, O_2) - \text{Patm})$$

Dans les tableaux suivants, les valeurs impossibles ou à l'évidence inutiles ne sont pas mentionnées.

Tableau des profondeurs limites (en mètres) :

P_{atm}	Alt	$O_2\%$ = 30	40	50	60	70	80	90	O_2
1	0	43	30	22	16,6	12,8	10	7,8	6
0,9	-	44	31	23	17,6	13,8	11	8,8	7
0,8	2000	45	32	24	18,6	14,8	12	9,8	8
0,7	-	46	33	25	19,6	15,8	13	10,8	9
0,6	-		34	26	20,6	16,8	14	11,8	10
0,5	5000		35	27	21,6	17,8	15	12,8	11

NB: au dessus de 3000 mètres une adaptation à l'altitude est nécessaire à cause de l'hypoxie !

Commentaires :

- Il est écrit dans certaines "bibles" de plongée qu'on peut se servir des nitrox pour éviter les problèmes de narcose, ce tableau prouve que c'est inutile, au niveau de la mer le 30/70 ne permet pas d'aller en dessous de 43 m, n'ouvrons pas une discussion bysantine en évoquant l'intérêt d'un 25/75 !
- Les plongées en altitudes entraînent des paliers de longue durée. L'emploi d'un nitrox fortement oxygéné permet un gain de

profondeur significatif.
Les procédures habituelles de calcul de décompression en altitude deviennent dangereuses au dessus de 2500 à 3000 mètres.
En effet, les pressions partielles de CO2 et d'H2O dans les poumons sont indépendantes de l'altitude et ne peuvent plus être négligées.

- PCO_2 = 0,05 bar
- PH_2O = 0,02 bar

PROFONDEUR MAXIMALE ET PROFONDEUR FICTIVE:

Les anglo-saxons nomment ces deux concepts essentiels M.O.D. (Maximum Operating Depth) et E.A.D. (Equivalent Air Depth).
La profondeur maxi (M.O.D.) pour un nitrox est celle à laquelle la PO_2 est égale à 1,6.
Prof maxi en mètres = $(1,6 / \%O_2) - 10$
La profondeur fictive (E.A.D.) est la profondeur à laquelle un plongeur à l'air est soumis à la même PN_2 que le plongeur qui utilise le nitrox. C'est la profondeur qu'il doit entrer dans les tables de décompression à l'air pour gérer sa décompression.

Ces deux facteurs accentuent l'hypoxie.
Ainsi, la composition du gaz pulmonaire à 5000 mètres est :

PCO_2 = 0,05
PH_2O = 0,02
PO_2 = 0,05
PN_2 = 0,38
Ptotal = 0,5 bar

La PO_2 pulmonaire au niveau de la mer est 3 fois plus élevée (0,15 bar) alors que la pression absolue n'est que 2 fois plus élevée. Les nitrox permettent de corriger cette tendance hypoxique.

Utilisation des nitrox

En respectant les profondeurs autorisées, on peut dresser des tableaux d'équivalence "air". A l'examen des tableaux, au niveau de la mer et en altitude, on pourra se reporter aux tables de décompression à l'air.

Calcul de l'équivalence "air" d'un nitrox :
La profondeur équivalente (pe) est la profondeur à laquelle un plongeur à l'air est soumis à la même PN_2.

Profondeur réelle en mètres, pr
Teneur N_2 en %
Pression absolue en bars, $PA = (pr/10) + 1$
Pression partielle d'azote en bars, $PN_2 = PA \times \%N_2$
Pression équivalente en bars, $PE = PN_2/0,79$
Profondeur équivalente en mètres, $pe = 10 (PE - 1)$

En altitude :
Prof fictive en m = prof réelle en m / Pression atm du lieu en atm

Le lecteur se reportera utilement aux manuels habituels. On trouvera dans ces mêmes manuels d'intéressantes explications sur la façon de calculer la profondeur des paliers et de lire son profondimètre, notions essentielles à ne pas négliger mais, si pour les paliers on utilise les nitrox ou l'O_2, ces derniers sont à choisir autrement.

Tableau des profondeurs équivalentes des différents nitrox au niveau de la mer :

Prof air	O_2% = 30	40	50	60	65	70	80	90	O_2 pur
10 m	7,8	5,2	2,7	0	0	0	0	I	I
15	12	9	5,8	2,7	0	I	I		
20	16,6	12,8	9	I	I				
22	18,4	14,3	10,2						
25	21	16,6	I						
30	25,5	20							
35	30	I			I = interdit				
40	34,3								
43	37								
45	I								

Commentaires :

- Les nitrox au-delà de 65 % d'O_2 n'offrent aucun intérêt au niveau de la mer.
- Le nitrox 50/50 : il présente un intérêt considérable :
  - ❖ intérêt pour les moniteurs de plongée sportive (et tous les professionnels de la plongée en général) : Il permet le séjour jusqu'à 22 mètres pratiquement sans limitation de temps et sans problème de décompression. Un moniteur "mer" qui fait

NITROX: LES MÉLANGES STANDARDS

Aux USA des mélanges standards se sont développés. Par exemple nitrox à 37% d'O_2 dont la M.O.D (Maximum Operating Depth) est 100 pieds (30 mètres) et nitrox à 45%. L'OTAN a fixé ses standards à 32%, 40%, 60% d'O_2. Ces standard offrent l'avantage de permettre l'utilisation de tables spécifiques. Nous proposons des tables pour les standards 30%, 37%, 45% Ces standards couvrent presque toutes les applications des nitrox. Ils peuvent être commodément stockés et transvasés pour une utilisation immédiate dans un cadre de plongée intensive. Le 30% est utilisable pour la fabrication des mélanges ternaires. Le 37% peut être fabriqué à partir de nitrox 30% et de nitrox 45% à parts égales.

habituellement une "explo" le matin, voir deux explorations profondes consécutives, peut avec un 50/50 faire travailler ses élèves l'après-midi sur un fond de 20 mètres, monter et descendre plus sûrement qu'à l'air (attention quand même au "yoyo sur terrain miné") sans se soucier de sa propre décompression; le 50/50, s'il était utilisé, apporterait aux moniteurs confort psychologique et sécurité physique.

❖ intérêt pour une procédure de décompression : il peut être utilisé à partir du palier de 21 mètres (raccourcissement de la durée du palier ou augmentation de la sécurité de la décompression).

❖ pour les spéléos, il permet des plongées longues en sécurité, le passage de siphons longs et de profondeur moyenne (par exemple le passage du S1 de Poumeyssen dans le Lot) presque sans paliers (attention à l'effet Lorrain-Smith et au point bas à l'effet Paul Bert).

- Les nitrox de 40 à 65% d'O_2 :

  ❖ ils permettent comme le 50/50 de plonger longtemps sans palier à profondeur certes réduite (16,6 m pour le 60/40), de raccourcir la durée des paliers pour le 40/60 et donc de franchir en spéléo des distances plus importantes en absorbant moins d'azote.

  ❖ ils minimisent la saturation d'azote pendant le parcours nécessaire avant de plonger un puits. Le calcul d'un temps de plongée équivalent réduit augmente le temps autorisé en profondeur avec de l'air ou un mélange avec hélium.

- Le nitrox 30/70 : son intérêt majeur est la fabrication d'un mélange ternaire.

Tableaux des profondeurs équivalentes en altitude

Méthodes de calcul :

a) On calcule d'abord la profondeur fictive en altitude et ensuite la profondeur équivalente avec les nitrox.

- exemple : prof réelle = 20 m, altitude = 2000 m, O_2 = 40%
  Patm locale = 0,8 bar

profondeur fictive = 20/0,8 = 25 m
Pression absolue à 25 m = 2,5 + 1 = 3,5 bars
Prof équiv en m = 10 [3,5 (60/79) - 1] = 16,6 m

- généralisation:
  Prof fictive = (Prof réelle en m / Patm)
  Pression fictive en bars :
  (Prof fictive en m /10 + 1) x (%N_2/0,79)
  Prof équiv en m = 10 (Pression fictive - 1)

b) On calcule d'abord la profondeur équivalente au nitrox puis on détermine la profondeur fictive en altitude qui nous permet de rentrer dans les tables.

- exemple : prof réelle = 20 m, altitude = 2000 m, O_2 = 40%
  Patm locale = 0,8 bar ; à 20 m P absolue = 2,8 bars
  P partielle de N_2 = 2,8 x 0,6 = 1,68 bars
  Pression équiv absolue en bars = 1,68/0,79 = 2,13
  Prof équiv m = 10 (2,13 - 0,8) = 13,3 m
  Prof fictive en altitude = 13,3/0,8 = 16,6 m

- généralisation :
  Pression réelle absolue en bars = Prof en m/10 + Patm
  P partielle de N_2 = P réelle absolue en bars x %N_2
  P équiv abs en bars = (Prof m/10 + Patm) x %N_2/0,79
  Prof équiv m = 10 [[(Prof m/10 + Patm) x %N_2/0,79] - Patm]
  Prof fictive en m = Prof équiv/Patm

On constate que les deux méthodes aboutissent au même résultat, ce qui n'est pas un hasard.

Ces méthodes, qui pour calculer une profondeur fictive en altitude par rapport à une plongée à l'air utilisent les rapports de pression entre la profondeur et la surface, ont des limites. Elles ne sont réellement fiables qu'en-deça de 3000 mètres.

En effet, l'hypoxie est telle à partir de 3000 mètres qu'on ne peut plus se reporter aux tables à l'air pour la décompression qui est calculée pour une pression partielle d'O_2 de 0,21 bar après l'arrivée en surface. D'autre part, la pression partielle de vapeur d'eau dans l'air expiré qui est constante et égale à 62 millibars occupe alors une part non négligeable dans la composition du gaz expiré et diminue les possibilités d'échanges gazeux. Toute tentative d'étude de la décompression doit donc en tenir compte. Pour la plongée en très haute altitude, d'autres méthodes de calculs de décompression sont nécessaires.

Monsieur Jean-Claude Le Péchon, ingénieur hyperbariste, a imaginé une autre méthode. Il calcule une décompression jusqu'à 1 bar absolu puis calcule une décompression permettant de revenir à la surface. Dans la méthode classique des rapports des pressions, les paliers se font à une profondeur moindre (voir les ouvrages classiques); dans cette nouvelle méthode, les paliers sont plus profonds et se font en utilisant les nitrox, les derniers paliers se font à l'O_2 pur et en surface il est conseillé de respirer encore l'O_2 un certain temps car un effort en hypoxie augmente le risque d'accident de décompression.

prof réelle	altit	Patm	prof équivalente				
10 m			air	30	40	50	60
	0	1	10	7,8	5,2	2,7	—
	—	0,9	11,1	8,7	6	3,4	—
	2000	0,8	12,5	9,9	7,1	4,2	—
	—	0,7	14,3	11,5	8,5	5,4	—

prof réelle	altit	Patm	prof équivalente				
15 m			air	30	40	50	60
	0	1	15	12,2	9	5,8	—
	—	0,9	16,7	13,8	10,5	7,3	—
	2000	0,8	18,8	15,7	12,4	9	—
	—	0,7	21,4	18,2	4,6	11	7,4

prof réelle	altit	Patm	prof équivalente				
20 m			air	30	40	50	60
	0	1	20	16,6	12,8	9	—
	—	0,9	22,2	18,6	14,5	10,4	—
	2000	0,8	25	21	16,6	12,2	—
	—	0,7	28,6	24,2	19,3	14,4	9,5

prof réelle	altit	Patm	prof équivalente				
25 m			air	30	40	50	60
	0	1	25	21	16,6	—	—
	—	0,9	27,8	23,5	18,7	—	—
	2000	0,8	31,3	26,6	21,3	—	—
	—	0,7	35,7	30,5	24,7	18,9	—

prof réelle	altit	Patm	prof équivalente				
30 m			air	30	40	50	60
	0	1	30	25,5	20	—	—
	—	0,9	33,3	28,4	22,9	—	—
	2000	0,8	37,5	32	26,1	—	—
	—	0,7	42,9	36,8	30,1	—	—

prof réelle	altit	Patm	prof équivalente				
35 m			air	30	40	50	60
	0	1	35	30	—	—	—
	—	0,9	38,9	33,3	—	—	—
	2000	0,8	43,8	37,6	—	—	—
	—	0,7	50	43,2	—	—	—

prof réelle	altit	Patm	prof équivalente				
40 m			air	30	40	50	60
	0	1	40	34,3	—	—	—
	—	0,9	44,5	38,2	—	—	—
	2000	0,8	50	43,2	—	—	—
	—	0,7	57,1	49,5	—	—	—

prof réelle	altit	Patm	prof équivalente				
43 m			air	30	40	50	60
	0	1	43	37	—	—	—
	—	0,9	47,8	41,2	—	—	—
	2000	0,8	53,8	46,5	—	—	—
	—	0,7	61,4	53,3	—	—	—

Commentaires :

- Plus l'altitude et la profondeur de la plongée sont élevées, plus les nitrox sont intéressants, ceux qui offrent le plus d'avantages pour la plongée elle-même ont de 30 à 50% d'O_2 (on rappelle ici l'intérêt de l'O_2 pur pour la décompression). Les nitrox ramènent la profondeur de certaines plongées dans des limites compatibles avec une décompression "sportive" en eau généralement très froide (problème de la lutte contre le froid).

- Exemple : plongée à 30 m réels pendant 30 mn à 2000 m d'altitude.
  à l'air : prof fictive = 37,5 m
  au 40/60 : prof équivalente (ramenée à alti 0) = 26,1 m
  On consulte les tables du ministère du Travail : le temps de remontée en utilisant le nitrox et l'O_2 au palier est de 4,6 minutes, il aurait été de 27,2 minutes si tout avait été fait à l'air et de 19,2 minutes en cas de plongée à l'air et de paliers à l'O_2.

Plongée sous glace
dans un lac de montagne

Nitrox non saturant
en plongée fond de gouffre

Les nitrox non saturants

Définition : un nitrox est dit non saturant si à la profondeur d'utilisation on a une pression partielle de N_2 inférieure ou égale à 0,8 bar.
La profondeur limite d'emploi est due au risque de l'hyperoxie aiguë ; on ne dépassera pas 1,6 bar d'O_2.

Pression absolue maximum d'emploi :
1,6 bar (O_2) + 0,8 bar (N_2) = 2,4 bars
profondeur maximale d'emploi : 14 mètres
Composition du nitrox pour 14 mètres :
2/3 O_2 1/3 N_2 = environ 65% O_2

Profondeur limite d'utilisation non saturante d'un nitrox au niveau de la mer = 10 (0,8 + %N_2)/%N_2

O_2%	prof limite abs	prof limite non sat
air	—	0
30	43	1,4
40	30	3,3
50	22	6
60	16,6	10
65	14	14
70	12,8	—
80	10	—
90	7,8	—
O_2	6	—

Commentaires : On ne peut descendre au-delà de 14 mètres sans saturer, c'est-à-dire, sans tenir compte du séjour en immersion à profondeur réduite pour le temps total de la plongée. Les nitrox non saturants ont un intérêt pour les plongées complexes à profondeur variable.

Conclusions

Les nitrox permettent de limiter l'exposition du plongeur aux problèmes de décompression. Ils permettent une limitation de la saturation en gaz inerte et une amélioration de la décompresion.
Ils sont particulièrement adaptés pour :
- Le travail à profondeur réduite et à profil variable (moniteurs).
- Les plongeurs spéléos qui doivent passer un siphon long et peu profond et ensuite faire des efforts physiques post-siphon ; ou encore, plonger un puits après un parcours peu profond.
- La décompression après une plongée profonde.
- Les plongées en eau froide ou en altitude, ou les plongées en eau froide et en altitude, en diminuant les risques dûs au froid grâce à la réduction du temps de décompression.
- La plongée avec appareils à circuit fermé ou semi-fermé (cependant ces techniques ne sont pas encore très répandues).

D'autres indications des nitrox peuvent être envisagées :
- Plongées longues sur «petits» fonds permettant de ne pas se soucier des paliers de décompression quel que soit le temps de plongée comme le font déjà les américains, qui disposent, il est vrai, de côtes se prêtant bien à ce type de plongées.
- Emploi par des plongeurs «fatigués» notamment le premier jour des vacances et le quatrième qui est celui au cours duquel statistiquement on observe le plus d'accidents de décompression.
- Emploi pour toute personne impliquée dans des opérations de secours.
- Emploi des nitrox non saturants pour des accidentés neurologiques de la plongée.

Tables de décompression pour nitrox

Ces tables sont recalculées pour une utilisation pratique d'après les tables à l'air de l'US Navy qui tiennent compte des plongées de longue durée. Pour ceux qui voudraient faire des plongées successives, le "groupe de sortie" est indiqué ; ces plongées devront se faire avec les tables de l'US Navy pour les plongées à l'air; si on veut plonger au nitrox on pourra recalculer sa décompression par la méthode qui est exposée ici.
A partir des — il n'est plus question de plongées successives.
L'intervalle entre deux plongées considérées non successives est de 12 heures.
Ces tables doivent être corrigées pour les plongées en altitude.

La profondeur limite de leur utilisation tient compte du risque d'hyperoxie aiguë :
Prof limite en mètres = 10 (1,6 / $\%O_2$ - Patm)

La profondeur maximale autorisée sans palier est celle à laquelle on a PN_2 = 1,6 bar. PO_2 sera toujours inférieur à 1,6 bar.

$\%O_2$	30	37	40	45
Prof Max (m)	13	15	16,5	
$\%O_2$	50	60	65	
Prof Max (m)	19	22	16,5	14

Le temps d'immersion maximum indiqué permet de ne pas dépasser une exposition à l'hyperoxie chronique de 600 UPTD en tenant compte du temps nécessaire à la décompression.

On a "arrondi" les profondeurs et les temps dans le sens d'une plus grande sécurité.

Les profondeurs réelles indiquées sont celles qui correspondent aux profondeurs équivalentes air nous ayant permis de rentrer dans les tables, l'aspect "inhabituel" des nombres est dû aux calculs d'équivalence et aux problèmes de conversion des unités américaines dans le système mètrique.

Pour entrer dans la table X pieds :
X pieds x 0,304 = 0,304X mètres
Prof réelle en mètres = (10 + 0,304X)(79 / %N2) - 10

Pour les temps de paliers nous avons conservé ceux indiqués pour les tables à l'air, n'ayant pas poussé le vice jusqu'à calculer des coefficients de conversion pour passer de l'air à un nitrox 30%, bien sûr, ni même pour le 37% ou le 45%, étant donné qu'on admet généralement un coefficient de 0,66 pour passer de l'air au nitrox 50%, que les paliers sont en général courts et qu'on peut encore les raccourcir à partir de 6 mètres avec l'utilisation d'oxygène pur, ce qui est d'ailleurs noté.

NITROX 30%
Pas de palier jusqu'à 13 mètres.
Profondeur limite : 43 mètres.

prof.	durée		paliers air			paliers O_2		groupe
réelle	mn	12 m	9 m	6 m	3 m	6 m	3 m	
	200				0		0	N
	210				2		1	N
15 m	230				7		4	N
	250				11		6	O
	270				15		8	O
	300				19		10	Z
———	360				23		12	
	480				41		21	
	720				69		35	

	100				0		0	L
	110				3		2	L
	120				5		3	M
	140				10		5	M
18 m	160				21		11	N
	180				29		15	O
	200				35		18	O
	220				40		20	Z
	240				47		24	Z

prof.	durée	paliers air				paliers O_2		groupe
réelle	mn	12 m	9 m	6 m	3 m	6 m	3 m	
	60				0		0	J
	70				2		1	K
	80				7		4	L
	100				14		7	M
22 m	120				26		13	N
	140				39		20	O
	160				48		24	Z
	180				56		28	Z
	200			1	69	1	35	Z
———	240			2	79	1	40	
	360			20	119	10	60	
	480			44	146	22	73	
	720			78	187	Hyperoxie		

	50				0		0	J
	60				8		4	K
	70				14		7	L
	80				18		9	M
	90				23		12	N
	100				33		17	N
25 m	110			2	41	1	21	O
	120			4	47	2	24	O
	130			6	52	3	26	O
	140			8	56	4	28	Z
	150			9	61	5	30	Z
	160			13	72	7	36	Z
	170			19	79	10	39	Z

prof.	durée	paliers air				paliers O_2		groupe
réelle	mn	12 m	9 m	6 m	3 m	6 m	3 m	
	40				0		0	I
	50				10		5	K
	60				17		9	L
	70				23		12	M
	80			2	31	1	16	N
29 m	90			7	39	4	19	N
	100			11	46	6	23	O
	110			13	53	7	26	O
	120			17	56	9	28	Z
	130			19	63	10	31	Z
	140			26	69	13	35	Z
	150			32	77	16	39	Z
———	180			35	85	18	42	
	240		6	52	120	26	60	
	360		29	90	160	Hyperoxie		
	480		59	107	187	Hyperoxie		

	30				0		0	H
	40				7		4	J
	50				18		9	L
	60				25		13	M
	70			7	30	4	15	N
32 m	80			13	40	7	20	N
	90			18	48	9	24	O
	100			21	54	11	27	Z
	110			24	61	12	31	Z
	120			32	68	16	34	Z
	130		5	36	74	18	37	Z

prof.	durée		paliers air			paliers O_2		groupe
réelle	mn	12 m	9 m	6 m	3 m	6 m	3 m	
	25				0		0	H
	30				3		2	I
	40				15		8	K
	50			2	24	1	12	L
	60			9	28	5	14	N
35,5 m	70			17	39	9	19	O
	80			23	48	12	24	O
	90		3	23	57	12	28	Z
	100		7	23	66	12	33	Z
	110		10	34	72	17	36	Z
	120		12	41	78	21	39	Z
———	180		29	53	118	27	59	
	240	14	42	84	142	42	71	

	20				0		0	G
	25				3		2	H
	30				7		4	J
	40			2	21	1	11	L
39 m	50			8	26	4	13	M
	60			18	36	9	18	N
	70		1	23	48	12	24	O
	80		7	23	57	12	28	Z
	90		10	34	72	17	36	Z
	100		12	41	78	21	39	Z

prof.	durée		paliers air			paliers O_2		groupe
réelle	mn	12 m	9 m	6 m	3 m	6 m	3 m	
	15				0		0	F
	20				2		1	H
	25				6		3	I
	30				14		7	J
	40			5	25	3	12	L
42,5 m	50			15	31	8	15	N
	60		2	22	45	11	23	O
	70		9	23	55	12	27	O
	80		15	27	63	14	31	Z
	90		19	37	74	19	37	Z
	100		23	45	80	23	40	Z
———	120	10	19	47	98	24	49	

NITROX 37%
Pas de palier jusqu'à 15 mètres.
Profondeur limite : 33 mètres.

prof.	durée		paliers air			paliers O_2		groupe
réelle	mn	12 m	9 m	6 m	3 m	6 m	3 m	
	200				0		0	N
	210				2		1	N
18 m	230				7		4	N
	250				11		6	O
	270				15		8	O
	300				19		10	Z
———	360				23		12	
	480				41		21	

prof.	durée		paliers air			paliers O_2		groupe
réelle	mn	12 m	9 m	6 m	3 m	6 m	3 m	
	100				0		0	L
	110				3		2	L
	120				5		3	M
	140				10		5	M
21,5 m	160				21		11	N
	180				29		15	O
	200				35		18	O
	220				40		20	Z
	240				47			

	60				0		0	J
	70				2		1	K
	80				7		4	L
	100				14		7	M
25,5 m	120				26		13	N
	140				39		20	O
	160				48		24	Z
	180				56		28	Z
	200			1	69	1	35	Z
———	240			2	79	1	40	
	360			20	119	Hyperoxie		

prof.	durée		paliers air			paliers O_2		groupe
réelle	mn	12 m	9 m	6 m	3 m	6 m	3 m	
	50				0		0	J
	60				8		4	K
	70				14		7	L
	80				18		9	M
	90				23		12	N
	100				33		17	N
29 m	110			2	41	1	21	O
	120			4	47	2	24	O
	130			6	52	3	26	O
	140			8	56	4	28	Z
	150			9	61	5	30	Z
	160			13	72	7	36	Z
	170			19	79	10	39	Z
	40				0		0	I
	50				10		5	K
	60				17		9	L
	70				23		12	M
	80			2	31	1	16	N
33 m	90			7	39	4	19	N
	100			11	46	6	23	O
	110			13	53	7	26	O
	120			17	56	9	28	Z
	130			19	63	10	31	Z
	140			26	69	13	35	Z
	150			32	77	16	39	Z
———	180			35	85	18	42	
	240		6	52	120	Hyperoxie		

NITROX 45%
Pas de palier jusqu'à 19 mètres.
Profondeur limite : 25,5 mètres.

prof.	durée	paliers air				paliers O_2		groupe
réelle	mn	12 m	9 m	6 m	3 m	6 m	3 m	
	200				0		0	N
	210				2		1	N
22 m	230				7		4	N
	250				11		6	O
	270				15		8	O
	300				19		10	Z
———	360				23		Hyperoxie	

	100				0		0	L
	110				3		2	L
	120				5		3	M
	140				10		5	M
25,5 m	160				21		11	N
	180				29		15	O
	200				35		18	O
	220				40		20	Z
	240				47		24	Z

Questionnaire

QUESTION N°1

Un plongeur sensible à la narcose qu'il ressent généralement à 40 mètres décide de plonger avec un nitrox à 40% d'O_2 afin de réduire la pression partielle d'azote qui provoque la narcose.
a) A quelle profondeur peut-il espérer descendre en toute sécurité?
b) Le même plongeur décide de descendre à 55 mètres sans narcoser. Quel nitrox choisit-il?

RÉPONSE N°1

a) On a une pression partielle d'O_2 de 1,6 bar (à ne pas dépasser) à la profondeur de 30 mètres avec un nitrox 40/60, donc on ne peut dépasser 30 mètres.
b) Un nitrox à 30% d'O_2 ne permet d'atteindre que 43 mètres, il lui faudrait un nitrox à 24% mais dans ce cas il aurait une pression partielle d'azote de : 6,5 x 0,76 = 4,94 bars; or, il narcose à 40 mètres soit 4 bars d'azote.
Moralité: Les nitrox ne servent pas à éviter la narcose. Si ce plongeur veut vraiment aller à 55 mètres il n'a qu'une solution : l'hélium!

QUESTION N°2

Un plongeur fait une plongée de 25 minutes à 38 mètres avec un nitrox à 30% d'O_2. Calcul des paliers.

RÉPONSE N°2

Profondeur équivalente air : 10 (4,8 x 70/79) = 32,5 mètres
On lit dans la table du ministère du Travail :

à l'air : 1 mn à 6 m et 8 mn à 3 m

QUESTION N°3

Comment effectuer les paliers dans des conditions optimales?

RÉPONSE N°3

Avoir chaud, effectuer un léger exercice, être en position verticale. Moralité : il est préférable d'être légèrement surlesté ! ceci va à l'encontre du dogme habituel qui voudrait qu'on ait une flottabilité nulle au palier de 3 mètres.

QUESTION N°4

Un moniteur assure la sécurité à 20 mètres pour les épreuves de formation de plongeur niveau II. Avec un nitrox à 50% d'O_2 combien de temps peut-il rester au fond sans faire de palier ?

RÉPONSE N°4

La profondeur équivalente est de 9 mètres, il peut rester aussi longtemps qu'il le désire, il n'aura pas de palier à faire. En ce qui concerne les UPTD, son temps maximum d'exposition autorisé au 50/50 sera de 310 mn (une minute à 1,6 bar d'O_2 donne 1,93 UPTD).
Moralité : Il est quand même bien rare qu'un moniteur reste plus de cinq heures de suite dans l'eau sans sortir boire un coup !

QUESTION N°5

Ecole de plongée, exercice de sauvetage à 25 mètres. Emploi d'un nitrox.

RÉPONSE N°5 ET COMMENTAIRE

Nous ne décrirons pas ici le détail de cet exercice qui fait du reste l'objet d'une épreuve à l'examen de monitorat. L'exercice se déroule généralement de la façon suivante :
Le moniteur descend avec son élève qui joue le rôle de chef de palanquée. La plongée se déroule sur un fond de 25 mètres. Soudain le moniteur simule une syncope. L'élève doit, après une

courte période de préparation, remonter le syncopé vers la surface et le remorquer vers l'embarcation. La remontée se fait très rapidement.
Un moniteur est couramment amené à répéter cet exercice avec plusieurs élèves, souvent après avoir réalisé auparavant d'autres plongées.
Ces remontées "catastrophe" en série sont ensuite ponctuées par un palier à mi-profondeur et une décompression classique. Le palier à mi-profondeur est une procédure thérapeutique qui a été imaginée pour limiter les effets d'une remontée trop rapide. On peut imaginer que l'élève qui n'est soumis qu'à une seule remontée de ce type après un court séjour au fond trouve là un moyen sûr d'éviter un accident de décompression.
Mais qu'en est-il du moniteur? Certes, il mesure les paramètres de sa plongée, il suit la procédure thérapeutique. Mais, dans un contexte de compressions et de décompressions aussi cahotique, nous n'avons aucune certitude quant à l'inocuité de sa plongée. Ce que nous savons, c'est que le plongeur a été soumis à une pression partielle d'azote de 2,8 bars, que cette valeur entraîne en surface une situation de sursaturation et que certains compartiments courts peuvent avoir atteint et dépassé les limites de sursaturation acceptable.
L'utilisation d'un nitrox à 45% d'O_2 l'expose à une pression partielle d'O_2 ne dépassant pas 1,6 bar. La profondeur équivalente est alors de 14 mètres, c'est à dire pratiquement la profondeur au dessous de laquelle un accident de décompression ne peut pas se manifester eu égard au temps relativement court passé en hyperbarie.
Cette pratique autorise une remontée sans procédure thérapeutique et sans palier. La plongée que le moniteur pratique alors s'apparente davantage à celle d'un plongeur en apnée qui descend dans la zone des 15 mètres sans soucis de décompression.

Chapitre 5

Les mélanges à l'hélium

On distingue les plongées d'intervention et les plongées à saturation. Lorsque la profondeur dépasse 150 mètres, la durée des paliers, les problèmes liés au syndrome nerveux des hautes pressions imposent de réaliser des plongées dites à saturation. Les moyens à mettre en œuvre sont très lourds. En plongée spéléo, la pratique actuelle est limitée aux plongées d'intervention ne dépassant que rarement 130 m. C'est cette technique qui est ici développée.

Deux types de mélanges sont utilisés :
Mélanges binaires : ils sont composés d'oxygène et d'hélium de telle façon qu'à la profondeur maximale la pression partielle d'oxygène soit égale à 1,4 bar.
Mélanges ternaires (appelés aussi trimix) : ils sont composés d'un mélange de nitrox à 30 % d'O_2 et d'hélium, de telle sorte que la pression partielle d'oxygène n'excède pas 1,4 bar à la profondeur maximale. L'avantage de tels mélanges est que les premiers signes de narcose et les risques d'hyperoxie apparaissent en même temps, à la même profondeur. En effet, quand la pression partielle d'oxygène est de 1,6 bar, celle d'azote est de 3,5 bars. Ainsi, pour aller plus profond, on rajoute de l'hélium ; pour aller moins profond on rajoute du 30/70. Ces proportions (pratiques) ont été imaginées par Jean-Claude Le Péchon.

PLONGÉE PROFONDE À L'AIR

Il suffit de croiser un plongeur à l'air à 70 mètres quand on est soi-même au mélange pour se rendre compte des effets de la narcose.
Si les tables pour les mélanges ternaires commencent à 50 mètres, ce n'est pas par hasard (risque de narcose, d'essoufflement), et si le séjour au-delà de 60 mètres à l'air n'est autorisé que pour des interventions ponctuelles de quelques minutes, c'est qu'en fait, la frontière entre plongée à l'air et plongée aux mélanges se situe entre 50 et 60 mètres.
Prôner des plongées plus profondes à l'air, en donner l'exemple, l'élever au rang d'exploit sportif, relève de l'inconscience criminelle.

Le tableau ci-dessous donne les caractéristiques des mélanges en fonction de la profondeur maximale de la plongée.
Profondeur correspondante (P cor.) : l'effort respiratoire en

	Héliox				Trimix				
prof.	O_2	He	g/cm³	P cor.	O_2	N_2	He	g/cm³	P cor.
50 m					22	51	27	6	36 m
70 m	18	82	3,2	15 m	18	42	40	6,8	42 m
90 m	14	86	3,5	17 m	14	33	53	6,9	43 m
110 m	12	88	3,9	20 m	12	29	59	7,5	48 m
130 m	10	90	4,2	22 m	10	23	67	7,6	49 m

utilisant les mélanges à une profondeur donnée est le même que l'effort en respirant de l'air à la profondeur correspondante. L'effort respiratoire en respirant du ternaire à 90 m est le même qu'en respirant de l'air à 43 m.

NB : certains plongeurs utilisent des mélanges constitués d'air auquel ils ajoutent 10 % d'hélium. Ils pratiquent des paliers correspondant aux tables du ministère du Travail. Cette technique est limitée à 60 mètres. Il ne s'agit pas là véritablement de plongée aux mélanges. Soulignons la dérive qui consiste à mettre 15 % puis 20 % d'hélium en continuant à utiliser les tables du ministère du Travail.

Binaire ou ternaire ? Que choisir ?

Le choix pour une utilisation sportive est simple si on considère d'emblée les problèmes liés à la physiologie. Les binaires s'avèrent plus dangereux. Les risques pour l'oreille interne, liés au phénomène de contre-diffusion et les problèmes liés au froid, nous font préférer les ternaires. Un autre argument, de faible poids en regard de la sécurité, est le prix.

Les tables

De nombreuses tables existent. Elles sont plus ou moins anciennes, plus ou moins sûres. Les plongées aux mélanges sont aujourd'hui réservées aux professionnels et sont effectuées avec l'aide de tourelles ou de bulles. Les plongeurs sont servis par des équipes de surface ayant suivi une formation spécifique. Enfin, les plongées s'effectuent toujours avec la proximité d'un caisson de recompression.

Ces tables ne sont pas confidentielles. Toutefois, leur diffusion par les organismes qui en disposent est soumise à une décharge de responsabilité. Jusqu'à présent seules les sociétés de plongée professionnelle ou des plongeurs à titre personnel ont signé ces décharges. Aucune fédération sportive dans aucun pays n'a jusqu'à présent pris cette responsabilité. La mise à disposition des tables par les organismes compétents s'accompagne en outre d'un engagement à ne pas les diffuser ; c'est la raison pour laquelle, nous ne publions aucune table. Des tables pour l'héliox ont été publiées par le ministère du Travail en juin 1992. Des tables pour le ternaire sont disponibles aux U.S.A. Nous mettons le lecteur en garde en ce qui concerne une utilisation sportive telle quelle de ces tables ! ! !

D'un point de vue plus technique, il faut savoir que l'hélium diffuse plus rapidement dans l'organisme que l'azote ; il dégaze également plus rapidement. Par ailleurs, la quantité d'hélium qui peut se dissoudre dans l'organisme est plus faible que la quantité d'azote dans les mêmes conditions de pression partielle. Par exemple, le sang retiendra 1,5 fois moins d'hélium que d'azote. Cette proportion s'accentue encore pour des tissus comme la moelle épinière.

A la décompression, l'hélium est également éliminé plus rapidement.

DÉTECTION DES BULLES

Il faut dénoncer l'idée fausse qui consisterait à utiliser un "Doppler" pour diriger la décompresssion. En revanche, après une plongée profonde, une surveillance "Doppler" peut permettre de détecter une anomalie et de prévoir un secours. Pour la petite histoire, on distingue 5 degrés dans l'évolution des bulles.

0: absence de bulle.
1 : signaux sporadiques.
2: signaux pour au moins la moitié des systoles.
3: signaux occupant toutes les systoles mais ne masquant pas les bruits cardiaques.
4: signaux de bulles couvrant les bruits du cœur.

S'il n'y a pas de corrélation directe entre la fréquence des bulles et l'apparition d'un accident de décompression il faut savoir que:

- il n'y a pas d'accident sans bulles circulantes.
- une décompression après une plongée un peu sévère provoque des bulles circulantes mais que le degré 2 ne doit pas être dépassé.

Les risques de former des bulles sont donc plus importants.
C'est ce qui explique que les premiers paliers sont plus profonds lorsque l'on respire de l'hélium que lorsque l'on respire de l'azote.

		1er palier	
profondeur	temps	trimix	air
50 m	20 mn	15 m	9 m
50 m	40 mn	27 m	15 m

Par ailleurs la vitesse de remontée doit être plus lente : 10 m/mn en profondeur puis 5 m/mn entre les paliers profonds et enfin 1 m/mn entre les derniers paliers de 12 m à la surface.

Les tables de décompression recherchent bien évidemment le meilleur compromis entre la sécurité et la durée de la décompression. Un moyen de réduire la durée de la décompression est d'utiliser des mélanges fortement suroxygénés pendant les paliers.
Les tables de décompression en tourelle recourent fréquemment à cet artifice, et préconisent l'usage de l'oxygène à partir de 12 m. Les plongeurs en tourelle sont ainsi soumis à des pressions partielles d'O_2 de 2,2 bars après leur transfert en caisson de décompression ; si un accident hyperoxique apparaît, il est facile de baisser immédiatement la teneur d'oxygène et d'administrer au besoin un anti-convulsif. Sous l'eau une telle crise entraîne presque à coup sûr la mort par noyade du plongeur.

LA GICLETTE ... JUSQU'OÙ

Mettre 10% d'hélium dans de l'air pour être plus confortable à 50 mètres puis utiliser les tables de plongée à l'air, ne s'appelle pas plonger aux mélange. C'est une procédure acceptée , bien que peu orthodoxe, par les professionnels.
Mais qu'en est il lorsque l'on pousse l'exercice jusqu'à utiliser 15%, puis 20% d'hélium et que l'on descend à 70, 80 mètres ?
On se met en risque d'accident de décompression sévère. En aucun cas, cette procédure ne permet de dépasser 10% d'hélium et 60 mètres de profondeur.
S'il fallait une règle simple, ce serait la giclette à 10% entre 45 et 55 mètres, le ternaire au-delà.

Il en résulte que les tables doivent être recalculées pour pouvoir réaliser des paliers à une pression partielle d'oxygène ne dépassant pas 1,6 bar.
On multiplie par 2,5 les temps des paliers donnés par les professionnels pour convertir de l'O_2 pur en air, par 1,6 pour convertir l'O_2 pur en nitrox 50/50, par 0,66 pour convertir l'air en nitrox 50/50.
Certains plongeurs, dans la programmation de leurs plongées, intègrent différentes profondeurs et différents mélanges et se livrent à un calcul complet de leur saturation. Il en résulte des paliers plus courts mais plus dangereux. L'utilisation pendant de très courtes périodes de surox exposant le plongeur à des pressions partielles pouvant atteindre 2,8 bars est également pratiquée. Là aussi, les risques physiologiques sont très importants. Dans un cas comme dans l'autre, les plongeurs vont au-delà de ce que les professionnels pratiquent et ce, dans des conditions beaucoup plus difficiles. Nous ne saurions conseiller de telles pratiques.

Autonomie

L'interdiction absolue de regagner la surface en raison de la décompression oblige le plongeur à emporter un matériel doublé afin de parer à toute panne.
Ces méthodes sont décrites en détail dans les articles consacrés à l'autonomie en plongée souterraine. Dans le cas des plongées au mélange, les mêmes principes sont applicables.

Un plongeur possède donc :
• un scaphandre dorsal de mélange composé au moins de deux bouteilles indépendantes.
• un ventral air lui permettant de descendre sur les premiers mètres sans problème d'hypoxie ; si le parcours de surface, ou à très faible

profondeur, dépasse 10 ou 20 mètres le ventral doit être lui-même doublé. Généralement, la plongée permet d'être rapidement à une profondeur suffisante (quelques mètres) pour ne plus être exposé à l'hypoxie. Le ventral est alors utilisé pendant la phase initiale (3 minutes - 40 mètres) et souvent abandonné au premier palier profond.

Les bouteilles de paliers sont calculées pour assurer une décompression pour une plongée plus longue de 5 minutes que celle programmée.
Par exemple, le terminus d'une plongée précédente est dans une galerie située à 50 mètres de profondeur à profil légèrement descendant ; on programme une plongée limitée à 65 mètres avec une durée de 30 minutes.
Les paliers seront calculés et équipés pour 65 mètres et 35 minutes. Ce qui signifie que l'on s'autorise à perdre sur incident 5 minutes, mais tout sera fait, au cours de la plongée, pour ne pas dépasser 30 minutes et 65 mètres.
Le calcul donne alors, en considérant une consommation de 20 l/mn au palier, les besoins suivants en bouteilles :
de 30 mètres à 18 mètres 1 bouteille de 12 litres à 200 bars
de 18 mètres à 12 mètres 1 bouteille de 12 litres à 200 bars
de 12 mètres à 6 mètres 1 bouteille de 12 litres à 200 bars
de 6 mètres à la surface 2300 litres d'O_2 ou en cas de panne d'O_2, 3 bouteilles d'air de 12 litres à 200 bars ou un deuxième système de distribution d'O_2 avec narghilé et bouteille indépendante.
En outre, une panne peut arriver sur une des bouteilles d'air, il faut donc prévoir une bouteille de secours disponible dès le premier palier.
On disposera donc :

- 2 bouteilles de 12 litres à 30 mètres
- 1 bouteille de 12 litres à 18 mètres
- 1 bouteille de 12 litres à 12 mètres
- 3 bouteilles de 12 litres à 6 mètres
- 1 narghilé d'O_2 à 6 mètres

Les bouteilles sont déposées avant la plongée, vérifiées sur place puis fermées pour être sûr qu'elles ne se vident pas. De même, le narghilé O_2 est mis en place à l'avance. Les bouteilles de sécurité de 6 m pourront éventuellement être mises en place ultérieurement, à condition de disposer d'un plongeur de soutien, et d'avoir un accès immédiat et facile au palier de 6 m.
Une des conséquences est que le plongeur se retrouve couramment avec deux bouteilles sur le dos et trois bouteilles accrochées sur le devant (la bouteille de sécurité, celle qu'il consomme et celle qu'il consommera au palier suivant).
❖ Il lui faut donc savoir comment manipuler correctement cet ensemble. Il doit mettre au point soigneusement le système d'amarrage des bouteilles et les problèmes de flottabilité qui en résultent.

Fiabilité du matériel en profondeur

Scaphandre

Rappelons quelques principes fondamentaux.
• les étriers ne présentent pas les garanties de fiabilité suffisantes pour envisager ce type de plongée, compte-tenu des nombreuses manipulations que subissent les bouteilles sous l'eau. Il faut donc utiliser des raccords DIN et, si les chocs sont très probables, des arceaux de protection.
• les détendeurs utilisés à grande profondeur sont menacés de givrage du fait du débit de gaz qui les traverse. Les systèmes à piston actuels, même pourvus de dispositif anti-givrage sont déconseillés. Les premiers étages à membrane (de type Poséidon par exemple) sont à cet égard plus satisfaisants.
De même, si l'eau est très froide, les bouteilles de paliers devront être munies de détendeurs ne risquant pas de givrer.

Profondimètres

Qu'ils soient électroniques ou mécaniques, les profondimètres n'offrent pas une justesse satisfaisante. Au moment de la mise en place des bouteilles de paliers, on vérifiera avec deux profondimètres la profondeur. Au cours de la plongée, il est essentiel de disposer de deux profondimètres différents. Il est recommandé de les tester avant la plongée.

Eclairage

En plongée souterraine, l'éclairage est utilisé naturellement. En eau libre, l'obscurité est souvent totale vers 40 m en lac et 100 m en eau de mer pourtant limpide. L'éclairage doit avoir une autonomie suffisante et être multiple. Toutes les lampes ne résistent pas à la profondeur. Aussi, est-il prudent d'avoir une lampe de secours, un jeu de tables, une montre de rechange au premier palier.

Les lampes à grosse optique (type entonnoir) ne résistent pas bien au-delà de 50 m, elles implosent. En revanche, les lampes de petite taille (Aquaflash ou autres) résistent bien jusqu'à 100 m et au-delà ; elles constituent en général l'éclairage de secours.

Les petites ampoules à halogène fonctionnent très bien dans l'eau (à condition d'être allumées sous l'eau) et résistent bien au-delà de 100 m de profondeur. Ces mêmes ampoules sont beaucoup moins résistantes lorsqu'elles sont protégées par une plaquette de verre qui ferme l'optique. Elles implosent entre 40 et 100 m.

Les batteries gélifiées au plomb se fissurent parfois au-delà de 70 mètres. Il n'y a pas d'implosion à proprement parler, la batterie continue à fonctionner.

Les boîtes à batteries Cd Ni artisanales implosent plus brutalement, la source d'énergie est alors détruite et le plongeur est dans le noir ; selon la qualité de fabrication, ça passe ou ça casse.

Les montres

Les montres “ 200 m ” bien que non garanties donnent satisfaction. Il est prudent d'avoir une montre de secours laissée au passage au premier palier.

Divers
La ceinture de plomb doit être non largable même accidentellement, les lanières de palmes doublées, etc.
Un " détail " qui n'en est pas un : après un certain temps d'immersion, le besoin d'uriner se fait sentir et parfois cruellement, certains sont prévoyants et mettent des " couches " , d'autres imaginent des systèmes permettant de se soulager à travers la combinaison sans se mouiller, il paraît que " ça marche " (quelquefois).

Fil d'Ariane

En plongée souterraine, il est présent. Les plongeurs en eau libre ne sont pas familiarisés avec ce fil. Il est pourtant le seul lien qui ramènera les plongeurs vers les bouteilles de paliers. **IL EST INDISPENSABLE** et doit constamment relier le plongeur à ses bouteilles de paliers et au narghilé.

Le froid

C'est le principal **DANGER** de la plongée aux mélanges. Il impose de plonger en combinaison sèche.
Il faut avoir l'assurance que l'on résistera au froid pendant la durée des paliers. Une erreur de protection thermique peut être fatale.
Quelques précautions essentielles sont :
• avoir sous la combinaison des sous-vêtements néoprène permettant de résister au froid en cas de rupture de la combinaison étanche (rupture de la fermeture éclair par exemple).
• avoir testé auparavant sur une plongée de même durée que l'on résiste effectivement au froid pendant les paliers.
• purger le mélange qu'on a dans la combinaison au premier palier

et le remplacer par de l'air (moins conducteur de la chaleur que le mélange), d'où la nécessité d'avoir un direct système sur la première bouteille de palier ; ou par de l'argon nettement moins conducteur que l'air. Pour les plongées dépassant 3 ou 4 heures une protection active (combinaison chauffante) est hautement souhaitable ; le plongeur prendra alors des repas à base de sucres rapides.

L EQUIPEMENT DE SÉCURITÉ DU PLONGEUR PROFOND

- 2 scaphandres (au moins) indépendants avec manomètres.
- Fil d'Ariane, ciseaux.
- 2 profondimètres, deux montres, tables.
- Détendeurs à 1er étage à membrane.
- Ceinture de plomb non largable.
- Double réserve de flottabilité.

Plongeur de soutien

La mise en place des bouteilles de paliers, leur repli, le soutien pour résoudre les incidents mineurs, implique la présence d'un plongeur de soutien qui évolue dans la zone des paliers. Les rendez-vous avec ce plongeur, son emploi du temps, doivent être soigneusement programmés en tenant compte des paliers que devra réaliser ce plongeur de soutien. Les deux premiers paliers sont courts, le plongeur fond a de nombreuses opérations à réaliser : passer sur air, purger la combinaison de son hélium, vérifier les tables, fixer les bouteilles… le plongeur de soutien est le bienvenu après.

Rôle du plongeur de soutien dans les secours

Dans une situation d'accident, l'improvisation doit être réduite le plus possible.

Il est donc nécessaire que le plongeur de soutien ait de solides

notions de secourisme appliquées à la plongée et soit bien entraîné à ces techniques.
Il faut en outre qu'il soit capable d'organiser au mieux le transport de l'accidenté vers le caisson le plus proche. Il doit pour cela s'y être préparé : repérage de la cabine téléphonique la plus proche, numéro du caisson, choix du moyen de transport, respiration d'oxygène, etc.

Programmation

La durée des paliers varie extrêmement vite avec la durée de la plongée. Il est donc nécessaire de faire une programmation de la plongée pour ne pas manquer d'air au palier. Une bonne méthode consiste à faire un chronogramme de la plongée. L'exemple ci-dessous montre un tel chronogramme. Reprenons la plongée de 30 minutes à 65 mètres.

	plongeur fond	plongeur assistance	
H - 1h30		mise en place blocs	
		1 à 30 m	
		1 à 18 m	
		1 à 12 m	
		narghilé à 6 m	
H - 1h10		fin de plongée :	30 m 20 mn
H	début plongée		
H + 3	ventral 30 m		
H + 30	début remontée		
H + 34	1er palier 21m		
	purge combin.		
	fix. blocs		
	vérif. tables		

Sur le chemin du retour

Prise d'informations par le plongeur de soutien au palier profond

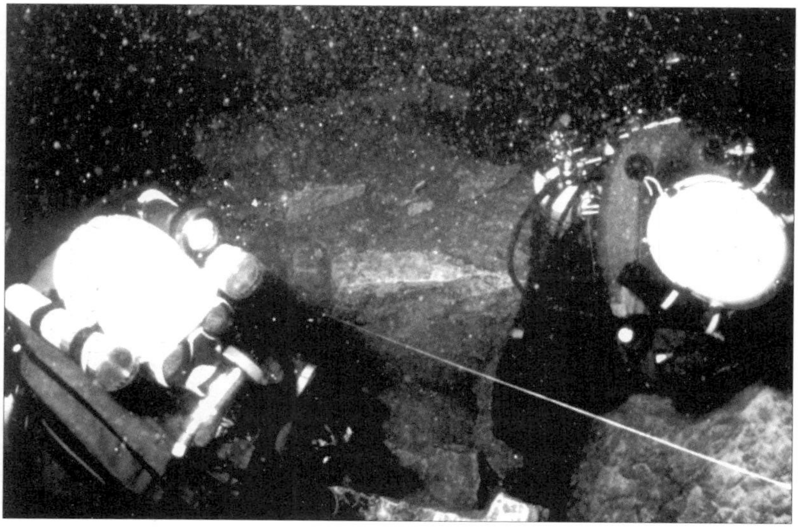

Rendez-vous avec le plongeur de soutien

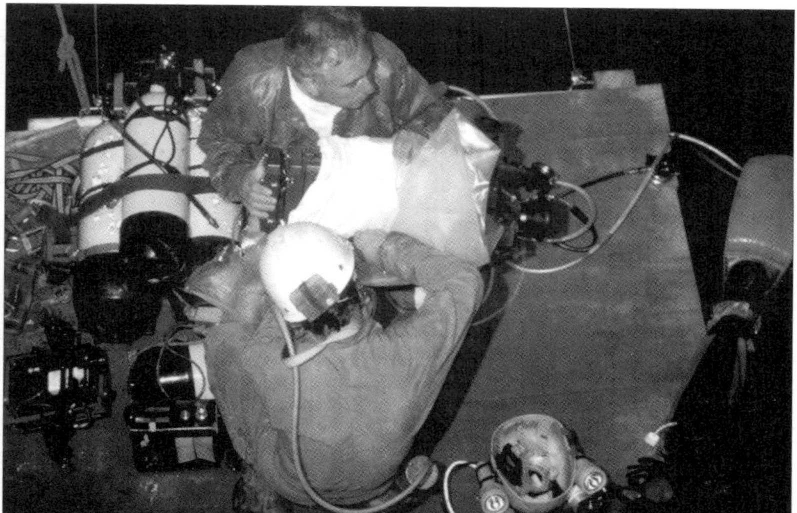

Assistance en surface

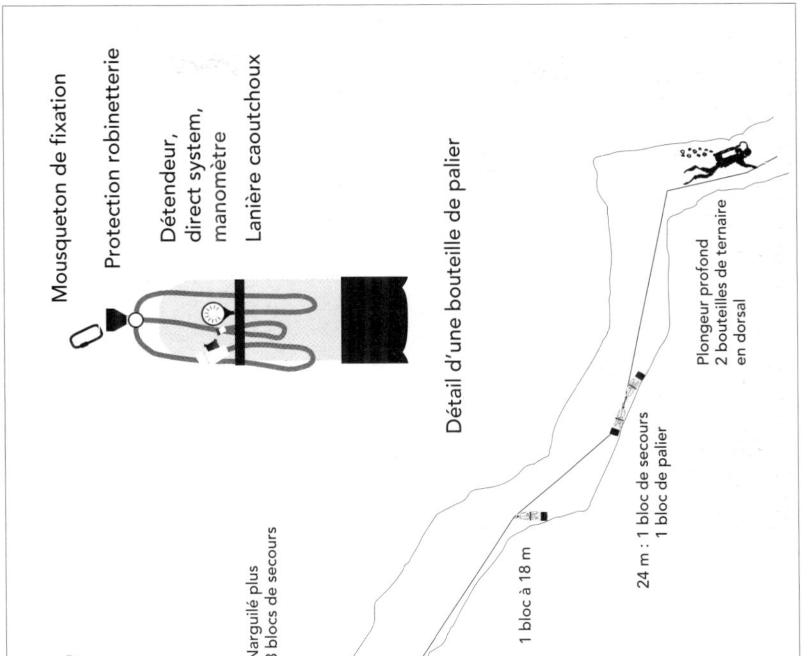

Equipement d'un siphon en plongée profonde

H + 40	premier rendez-vous à 18 m		
		remont. bloc excéd.	
H + 50		sortie plongée :	18 m 10 mn
H + 1h30	deuxième rendez-vous à 9 m		
		remont. bloc excéd.: 9 m 10 mn	
H + 1h40	ouverture oxygène		
H + 2h52	sortie avec : 2 dorsaux 2 ventraux le narghilé		

Au cours de ce chronogramme, le plongeur de soutien n'a pas de palier à faire.

Profil des plongées

Profils faciles à maîtriser :

- puits dès le départ (Fontaine des Chartreux de Cahors)
- profil rapide et régulièrement descendant suivi ou non d'un trajet presque horizontal (gouffre de Saint-Sauveur à Calès)
- puits après trajet peu profond (le goul de Saint-Andéol)
- trajet peu dénivelé au bas d'un puits d'entrée (Gourneyras)

Profils difficiles :

- les autres configurations comme par exemple le S1 du Ressel qui impose de ressortir et de réaliser des plongées successives.

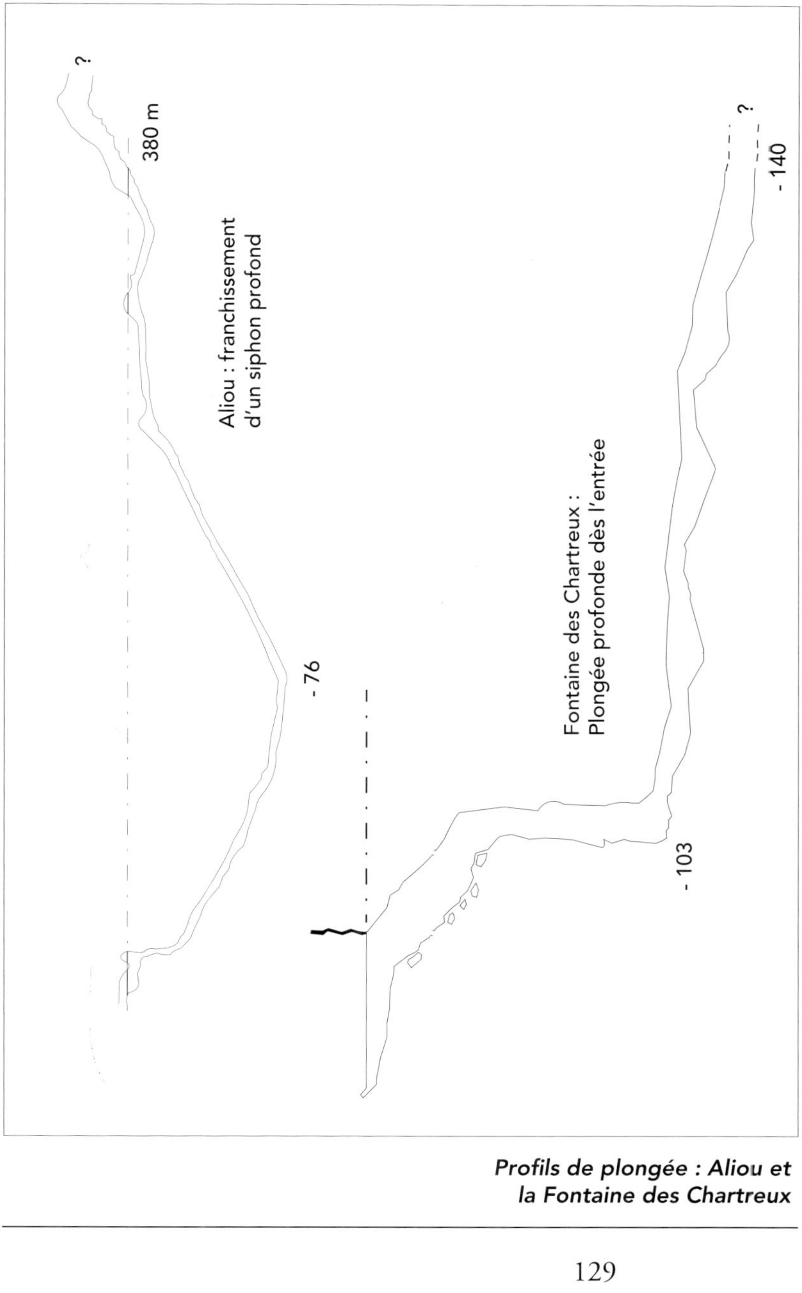

Profils de plongée : Aliou et la Fontaine des Chartreux

Prérequis
Entraînement

Avant d'envisager de plonger aux mélanges il faut acquérir un certain nombre de connaissances et d'expériences. Nous proposons quatre " prérequis " indispensables à la survie.

- Maîtriser les scaphandres lourds à bi ou tri 20 litres auxquels s'ajoutent les bouteilles de paliers. Quelles que soient vos qualités d'organisateur, comptez qu'à un moment ou à un autre vous aurez trois bouteilles de palier en ventral et votre scaphandre fond sur le dos. Flottez-vous encore ? Pouvez-vous vous déplacer ? Avez-vous les mains libres ?
  Mieux vaut savoir répondre à ces questions dans trois mètres d'eau que le jour de ses premiers paliers.
- Maîtriser l'autonomie. Les plongeurs spéléos utilisent de plus en plus de grosses bouteilles. Ils ont pris l'habitude dans les siphons peu profonds de voir leurs manomètres bouger lentement et ils surveillent leur autonomie avec une fréquence lâche. En profondeur, les bouteilles se vident beaucoup plus vite. Un bon entraînement consiste à plonger avec un bi 4 litres à 20 mètres.
- Maîtriser la technique de base. Fil d'Ariane, locomotion, ventral, etc. pour être sûr de maîtriser la durée de la plongée.
  5 minutes de retard à 100 mètres entraînent 1h30 de paliers supplémentaires ! Cela laisse peu de place aux erreurs.
- Maîtriser le froid. Pour cela, " répéter " ses paliers pour voir si la protection thermique est suffisante pour tenir sans souffrir du froid. C'est un point tout à fait essentiel.

NB : la plongée sous glace, activité récréative, est un bon exemple d'entraînement pour ses conditions " sous plafond ", en eau froide, avec vêtement étanche à volume variable.

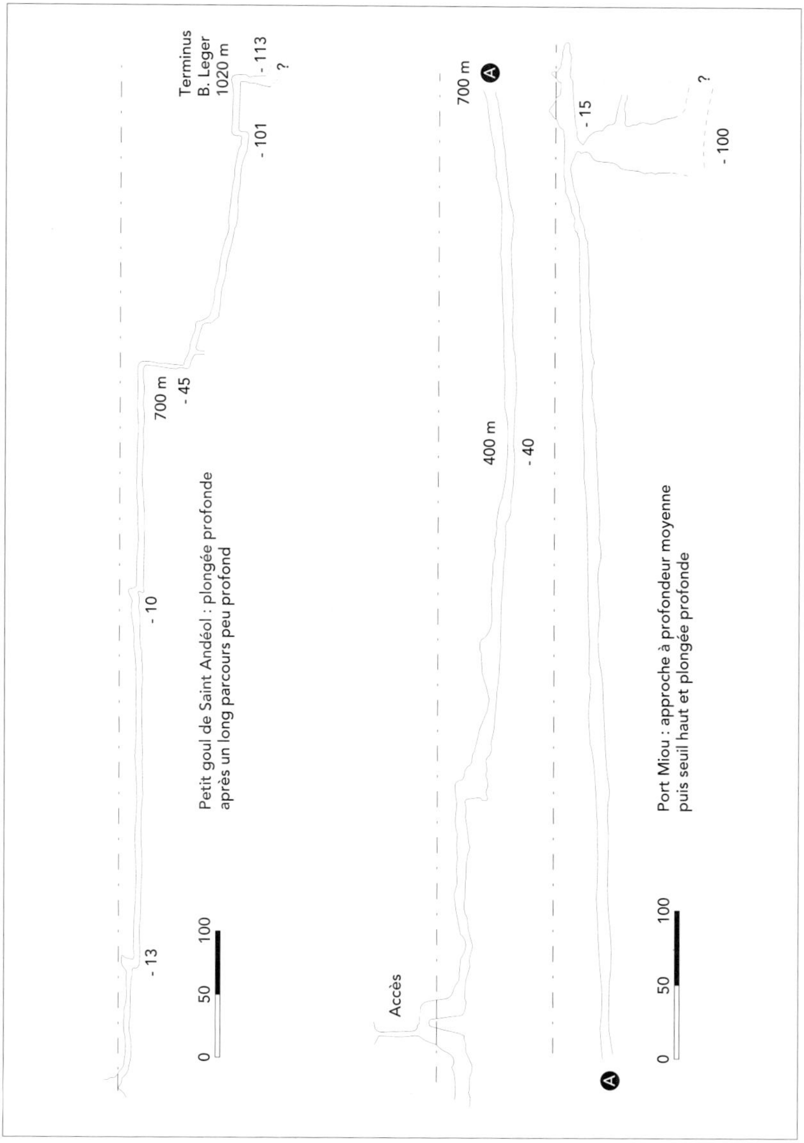

Profils de plongée : goul de Saint-Andéol et Port Miou

Condition physique

COMMENT TESTER SA CONDITION PHYSIQUE

Test de RUFFIER
Prendre le pouls avant l'exercice : P1 pulsations par minute.
Faire 20 flexions sur les jambes en 30 secondes.
Prendre le pouls à la fin de cet effort : P2, puis une minute après : P3.
Calculer le coefficient de RUFIER :
R = (P1 + P2 + P3 - 200) / 10
Un RUFFIER inférieur à 6 indique une bonne condition physique.

Intérêt.
Ce test est pratique et donne une bonne indication de la forme du moment. Il est cependant criticable, parce qu'il juge de la récupération après effort anaérobie, alors que ce type d'effort n'existe pas en plongée. En Europe, les plongeurs suisses ont été les premiers à introduire la notion de condition physique en plongée sportive au mélange.

De la forme physique dépend la qualité de la décompression (voir physio), faire une plongée au mélange après une nuit passée à conduire est déconseillé malgré l'aisance ressentie en profondeur.
On rappellera à cet égard les tests que doivent effectuer les plongeurs professionnels de classe III, cf arrêté du 28 janvier 1991 faisant suite au décret du 28 mars 1990 du ministère du Travail et publié au journal officiel de la République Française le 2 mars 1991 (s'y reporter).

Conclusions

L'emploi des mélanges en plongée sportive entraîne une modification des habitudes de plongée. Les principales sont les suivantes :

- On doit apprendre à fabriquer et à contrôler ses mélanges.
- Les plongées seront programmées, condition essentielle pour pouvoir gérer les paliers.
- Le matériel doit être fiable, règle du double, DIN plutôt qu'étrier, détendeurs non givrants, matériel testé pour ne pas imploser, etc.
- Le plongeur doit éviter toute navigation hasardeuse et être guidé par un fil d'Ariane.
- La lutte contre le froid est un aspect essentiel sur lequel aucune impasse n'est permise, le froid est le principal danger.
- Les critères de condition physique et l'entraînement sont plus sévères que pour les plongées à l'air.

EXEMPLE DE PROGRAMME D'ENTRAÎNEMENT À LA PLONGÉE PROFONDE

• Maîtrise du vêtement sec avec scaphandres lourds dorsaux et ventraux multiples. Locomotion, flottabilité, manœuvre.
• Maîtrise du temps . Plongée avec scaphandre de petite capacité (2 X 3 litres) et observation des règles d'autonomie avec répétition des manœuvres de fil d'Ariane dans la zone des 20 mètres.
• Gestion du fil d'Ariane. Pose, manœuvre de récupération en aveugle, exercices de désemmèlement.
• Répétition des paliers de longue durée en eau froide.

La maîtrise de ces techniques s'acquiert en pratiquant la plongée sous plafond.

Questionnaire

QUESTION N°1

Quel est le principal risque pour un plongeur à 70 mètres à l'air ?

RÉPONSE N°1

L'essoufflement. En effet, la narcose obligatoire à cette profondeur peut amener le plongeur à des actes désordonnés, à produire un effort physique et à s'essouffler (ce qui est irrécupérable en plongée spéléo). Moralité : bien que de pratique " courante ", 70 mètres à l'air, ce n'est pas sérieux !

QUESTION N°2

Quel est le principal risque pour un plongeur à 70 mètres au trimix ?

RÉPONSE N°2

Le FROID ! !

QUESTION N°3

Après une plongée au mélange un plongeur décide de reprendre l'air à 40 mètres pour sa décompression. Quel est le principal risque ?

RÉPONSE N°3

La narcose ! L'augmentation brutale de la pression partielle de N_2 peut entraîner une narcose, celui qui en a déjà fait l'expérience ne prendra l'air qu'à 30 mètres à la remontée.

QUESTION N°4

Un plongeur décide, à 20 mètres, après avoir effectué 20 minutes de paliers à l'air de passer sur mélange pour le confort respiratoire. Quel est le risque ?

RÉPONSE N°4

Le phénomène de contre-diffusion isobare ne concerne pas le sportif, l'expérience a montré qu'il n'y a pas de problème.

QUESTION N°5

Pour améliorer son confort thermique un plongeur injecte de l'argon dès le palier de 40 mètres, l'argon étant trois fois moins conducteur de la chaleur que l'air. Quel est le risque ?

RÉPONSE N°5

L'argon passant à travers la peau on pourrait imaginer que la contre-diffusion isobare puisse provoquer un accident de décompression, en fait l'expérience montre qu'il n'en est rien, donc il n'y a pas de risque.

QUESTION N°6

Un plongeur veut plonger 20 minutes à 75 mètres. Les tables (modifiées à usage sportif) donnent pour 25 minutes les paliers suivants :
air ou mélange fond :
5 mn à 24 m, 5 mn à 21 m, 6 mn à 18 m, 11 mn à 15 m, 23 mn à 12 m, 25 mn à 9 m
ou bien nitrox 50 % :
4 mn à 21 m, 4 mn à 18 m, 8 mn à 15 m, 15 mn à 12 m, 16 mn à 9 m
et impérativement à l'O_2 :
21 mn à 6 m et 30 mn à 3 m
Comment organise-t-il sa plongée ?
On considère qu'il est déjà en possession des mélanges.

RÉPONSE N°6

Ce plongeur profond se cherchera d'abord un plongeur d'appoint !
On considère une consommation de 20 litres par minute.
On calcule la quantité d'air ou de nitrox qui sera consommée aux paliers.

à 24 m et de 24 à 21 m :	air 6 x 3,4 x 20 = 408 litres		
à 21 l/m et de 21 à 18 m :	air 6 x 3,1 x 20 = 372		
	nitrox 5 x 3,1 x 20 =		310
à 18 m et de 18 à 15 m :	air 7 x 2,8 x 20 = 392		
	nitrox 5 x 2,8 x 20 =		280
à 15 m et de 15 à 12 m :	air 12 x 2,5 x 20 = 600		
	nitrox 9 x 2,5 x 20 =		450
à 12 m et de 12 à 9 m :	air 26 x 2,2 x 20 =1144		
	nitrox 18 x 2,2 x 20 =		792
à 9 m et de 9 à 6 m :	air 28 x 1,9 x 20 =1064		
	nitrox 19 x 1,9 x 20 =		722
totaux	air 3980		
ou	air 408 et	nitrox	2554

Consommation prévue de mélange : 20 x 8,5 x 20 = 3400 l
Pour sa sécurité le plongeur profond prendra un bi 18 et amorcera son retour après en avoir consommé un tiers !
Organisation :
Le plongeur d'appoint disposera les blocs pour les paliers ; si tous les paliers se font à l'air il mettra un bloc de 12 litres à 21 m, un autre à 15 m, un dernier à 9 m ; si le nitrox est utilisé à partir de 21 m il mettra deux 12 litres à 21 m, et un autre à 12 m. Il préparera le narghilé (et prévoira un narghilé de secours) pour l'O_2 à 6 m.
Le plongeur profond part avec un 12 litres d'air qu'il respire et dépose à 24 m pour le reprendre au premier palier. Les plongeurs se donnent rendez-vous au palier de 21 m après avoir établi le chronogramme.
Le plongeur d'appoint remontera ou disposera les blocs de paliers en fonction du déroulement de la plongée.

QUESTION N°7

Un plongeur veut aller à 75 mètres au fond de Bourg Saint-Andéol, il a 700 mètres à parcourir à 12 mètres de profondeur pour arriver au puits. Comment fait-il ?

RÉPONSE N°7

Pour aller au bord du puits il prendra un nitrox non saturant à 65 % d'O_2 (à 12m pression partielle d'N_2 = 0,77).

Il plongera le puits avec le même mélange qu'à la question précédente à savoir 1,4 bar d'O_2 à sa profondeur maximale, il aura donc O_2 % = 1,4 / 8,5 = 16 %, N_2 = 16 x 7/3 soit 37 % et He = 47 % .

Afin de réduire le nombre de bouteilles à transporter il fait ses paliers au nitrox 50 % .

Il a donc besoin de :

24 m		mélange fond
21 m	310 l	nitrox 50 %
18 m	280 l	nitrox 50 %
15 m	450 l	nitrox 50 %

de 21 à 15 m il suffit donc d'une bouteille de 6 litres et d'une autre en sécurité.

12 m	792 l	nitrox 50 % ou 65 %
9 m	722 l	nitrox 50 % ou 65 %

pour les paliers de 12 et 9 m il peut utiliser le surox non saturant utilisé à l'aller.

Le chronogramme de la plongée est donc le suivant :

	plongeur de pointe	plongeur d'assistance
H-30		Départ pour poser O_2 à 200 m de l'entrée et retour.
H	Départ au nitrox 65 %	Portage bi 6 l nitrox 50 %
45	Arrivée au puits Passage au ternaire	Arrivée au puits Mise en place du bi 6 l Attente au sommet du puits
65	Début remontée	
70	Début palier à 24 m	
75	Début paliers 21, 18, 15 au nitrox 50 %	

95	Passage nitrox 65 % et début du retour	Récupération du bi 6 l de nitrox et retour
130	Arrêt à 200 m de l'entrée et -6 m, palier à l'O_2. Déplacement lent vers la sortie.	
140		Sortie avec le bi 6 l Retour vers le plongeur fond pour sortir le bi 15 l de nitrox 65 %
180		Sortie
185	Sortie	

Le matériel dont a besoin le plongeur de pointe est :

- mélange fond : 2 x 15 litres
- nitrox 50 % : 2 x 6 litres
- nitrox 65 % : 2 x 15 litres
- O_2 : 2 x 9 litres

Quel peut être le rôle du plongeur d'assistance dans un cas pareil ?
Les paliers se déroulant à 700 mètres de l'entrée (soit 45 mn aller puis 45 mn retour) le plongeur d'assistance ne peut rien aller chercher en surface. Son rôle se réduit à aider à transporter les bouteilles.
Il mettra donc en place successivement les bouteilles d'O_2, les bouteilles de surox, puis récupérera les diverses bouteilles. Il doit pouvoir descendre à 21 mètres pour poser les bouteilles de palier. Il passe sous l'eau 3h30. Il a donc intérêt à plonger avec un nitrox 50 % qui lui épargne toute décompression.

Chapitre 6

Les plongées complexes

Une plongée complexe est une plongée pendant laquelle le plongeur doit évoluer à des profondeurs variables incluant éventuellement des émersions et des plongées consécutives et successives.
Nous verrons au travers d'exemples que de telles plongées impossibles à l'air peuvent être envisagées en employant divers mélanges spécialement conçus pour la plongée. Le lecteur ne s'étonnera pas de découvrir que ces exemples sont empruntés à la plongée souterraine, seule en effet à imposer des profils de plongée aussi difficiles.

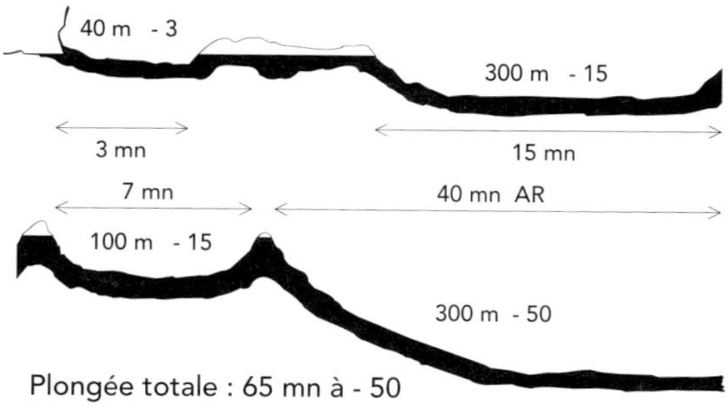

Plongée totale : 65 mn à - 50
Durée des paliers :

procédure classique	121 mn
ordinateur de plongée	85 mn
calcul d'équivalence + O_2	73 mn
surox non saturant + O_2	55 mn

Exemple de plongée complexe : Œil de la Doue

Le plongeur spéléo est fréquemment confronté à des profils de plongée à profondeur variable.
Le nitrox et l'oxygène permettent des décompressions sûres et courtes.

Le plongeur peut avoir recours aux quatre procédures suivantes :

Procédure classique
Il considère les paramètres extrêmes : durée totale et profondeur maximale.
Dans l'exemple présent 65 minutes à 50 mètres, arrondis à 70 minutes et 51 mètres.
Total des paliers d'après les tables du ministère du Travail en prenant l'O_2 à 6 mètres : 121 minutes.
Le principal reproche que l'on peut faire à cette méthode est d'imposer des paliers très longs alors que l'exposition à 50 mètres est limitée à 40 mn.

L'ordinateur de plongée
Le recours à l'ordinateur de plongée permet d'intégrer ces variations de profondeur. Il aboutit à un total d'environ 85 mn de paliers à l'air suivant les marques.
Cette procédure présente deux défauts :
- le manque de sécurité : l'accident de décompression qu'ont eu en 1987 au Ressel (Lot) deux plongeurs spéléos faisant confiance à leurs ordinateurs, s'est produit dans des conditions très proches de l'exemple ci-dessus (270 m -9 suivis de 700 m -51). On peut espérer améliorer la sécurité en faisant les paliers de 3 et 6 mètres

à l'O_2 mais encore faudrait-il être sûr que les paliers profonds n'ont pas été trop raccourcis.
- L'ordinateur ne prend pas en compte l'usage possible de nitrox et d'O_2.

Utilisation des tables de conversion

Rappelons ici en termes très simples la méthode de conversion :
On peut assimiler le temps passé à faible profondeur tf à un temps équivalent te passé à profondeur maximale.
te = tf x (profondeur faible/profondeur maximale)
On redit ici que cette méthode est absolument fiable. En effet on a démontré au chapitre "calcul des tables" que la saturation estimée à profondeur maximale pour le temps équivalent est toujours plus grande que celle, réelle, pour le temps passé à faible profondeur. En conséquence, on peut utiliser les tables habituelles sans ajouter un facteur de risque.
Cette méthode très astucieuse, associée ou non à l'emploi des nitrox, permet de réaliser des plongées complexes en sécurité, plongées qu'il serait impossible de faire autrement sans risque ! Les exemples qui suivent le montrent.

Dans cet exemple de profil de plongée "tordu", la méthode de conversion permet de "rentrer" en sécurité dans les tables pour un temps de décompression compatible avec une plongée sportive :
pour cet exemple, coef de conversion de 14 m vers 50 m,
14/50 = 0,28 ; durée à 14 m : 25 mn.
équivalent à 50 m : 25 x 0,28 = 7 mn
durée à 50 m : 35 mn
durée totale à considérer : 42 mn
Les tables du ministère du Travail indiquent une durée totale des paliers de 73 mn en prenant l'O_2 dès 6 m.

Utilisation de nitrox non saturant et d'O_2

Avec un nitrox à 65 % d'O_2 on ne compte pas la partie à 14 m

dans le temps de plongée. Les paramètres de la plongée sont donc 35 minutes à 50 mètres.
Les tables du ministère du Travail indiquent une durée de décompression de 55 mn en prenant l'O_2 dès 6 m.
Cette méthode rapide est d'une grande sûreté.

Autre exemple de plongée complexe
Dans le problème précédent un " heureux hasard " a fait que la première partie de la plongée se déroulait à 14 m, prenons maintenant 20 m au lieu de 14 et 70 mn au lieu de 25 ; il n'y a pas de nitrox non saturant pour cette profondeur. Pour faire une décompression courte et sûre nous procéderons ainsi :
L'utilisation d'un nitrox 50/50 nous ramène à une profondeur équivalente de 9 mètres.
coef de conversion de 9 m vers 50 m : 9/50 = 0,18
70 mn à 9 m équivalent : 70 x 0,18 = 12,6 mn
durée à 50 m : 35 mn
durée totale à considérer à 50 m : 47,6 mn
Les tables du ministère du Travail indiquent une durée de décompression de 75 mn en prenant l'O_2 dès 6 m ou de 117 mn à l'air.
Cette décompression se fera au retour du S4. Le retour vers la sortie se fera en comptant une deuxième plongée (successive) si on est à l'air du fond du S3 à la sortie c'est à dire 70 mn à 20 m ; en utilisant à nouveau le nitrox 50/50 on peut ressortir sans délai car la profondeur équivalente est de 9 m et il n'y a pas de risque de sursaturation critique.

Questionnaire

QUESTION N°1

L'histoire se passe à Cassis!
Un plongeur explore un tombant à la profondeur de 20 mètres, après 15 minutes de plongée, il aperçoit l'entrée d'une grotte, il descend et se retrouve à 39 mètres, la grotte ne présentant pas de continuation il remonte à 20 mètres; son séjour à 39 mètres descente et remontée incluses a duré 4 minutes. Après 35 mn de plongée, il décide de remonter.
a) Quels paliers doit-il effectuer selon les tables du ministère du Travail?
b) Quelle est la moralité de cette histoire?

RÉPONSE N°1

a) 31 mn à 20 m correspondent à 16 mn à 39 m.
Paliers à faire sur 20 mn à 39 m.
A l'air, 2 mn à 6 m et 7 mn à 3 m.
Si on avait adopté la méthode "carrée", il aurait fait: 3 mn à 9 m, 16 mn à 6 m et 25 mn à 3 m!
b) moralité: ce n'est pas tous les jours qu'on trouve une grotte avec des dessins préhistoriques!

QUESTION N°2

Un plongeur spéléo doit franchir un siphon de 600 m à - 30 m, à la suite de ce siphon il doit réaliser des efforts de portage importants.
Quel type de nitrox doit-il utiliser pour éviter un accident de décompression?
Quelle doit-être sa procédure de décompression?

RÉPONSE N°2

Le nitrox 40/60 lui permet de descendre à 30 mètres avec une profondeur équivalente à 20 mètres.

Le temps de plongée à l'aller est estimé à 40 minutes, temps nécessaire pour franchir les 600 mètres.
A la sortie du siphon, il effectuera un palier de une minute à 3 mètres. Il attendra une heure (les compartiments directeurs sont ceux de période 30 à 40 mn) et pourra faire des efforts (les compartiments longs n'ont pas eu le temps de prendre beaucoup d'azote).

Conclusion :
Les nitrox et les tables de conversion permettent certaines plongées en sécurité impossibles à effectuer autrement.

Chapitre 7

Fabrication des mélanges

La préparation des mélanges se heurte à quatre problèmes.

- les risques d'explosion liés à la manipulation de l'O_2.
- les risques d'erreur de fabrication notamment en ce qui concerne la teneur en O_2 et la nécessité d'analyser les gaz.
- la nécessité de laisser aux mélanges le temps de s'homogénéiser.
- la qualité de la personne qui fabrique le mélange.

Pour des commodités de langage nous appellerons une bouteille " vide", une bouteille dont la pression absolue est de 1 bar, c'est-à-dire à une pression relative de 0. Nous dirons, comme le font habituellement les plongeurs, qu'on " met" un certain nombre de bars de gaz dans une bouteille, la pression est alors " traduite" par quantité (nous présentons par avance nos excuses aux puristes).

Risques liés à la manipulation de l'O_2

Lorsque de l'huile pulvérisée est en contact avec de l'O_2 ou un surox, une explosion peut se produire spontanément. Les conditions dépendent de la teneur en huile, de la pression, de la température. Cet accident peut se produire au cours des manipulations suivantes: lorsque l'on fait passer un surox à plus de 25 % ou de l'O_2 dans un compresseur où il se forme un brouillard d'huile; lorsque l'on injecte à l'aide d'un compresseur un gaz neutre, He par exemple, dans une bouteille contenant de l'O_2 ou un surox sans l'avoir suffisamment filtré, on injecte alors un aérosol d'huile (et/ou de charbon actif) qui peut atteindre les teneurs explosives. Les risques de combustion lente n'existent pas. La présence d'huile sur les parois d'une bouteille représente un risque moins important d'explosion, il est toutefois conseillé de dégraisser les bouteilles.

Méthode de dégraissage

Emploi du forane (trichlorotrifluoroéthane). C'est un solvant liquide irritant pour la peau et les muqueuses (porter des gants et des lunettes, opérer dans des locaux bien aérés ou en plein air, ne pas rejeter le produit dans la nature!). Prendre un verre de forane, le verser dans le bloc (pour les robinetteries, laisser tremper quelques minutes), secouer, récupérer le produit qui servira pour le bloc suivant (ne pas jeter), laisser évaporer les résidus pendant 24 heures ou rincer longtemps à grande eau car le produit est peu soluble et laisser sècher les bouteilles.

NB: Pour ne pas regraisser les blocs de plongée, on aura pris soin de mettre un filtre à huile supplémentaire au compresseur en aval du dernier filtre habituel!

Le forane est un fréon, il sera probablement bientôt interdit (problème de la couche d'ozone!), on le remplacera par de l'éther (sur prescription médicale) ou de l'acétone.

Risques d'erreur de fabrication

L'emploi de manomètres de précision, méthode de fabrication d'amateur utilisée par certains, ne nous paraît pas fiable. En cas d'erreur toujours possible dans les calculs de proportions ou au cours des manipulations, n'ayant pas de moyen de contrôle des gaz effectivement mis en bouteille, le risque est sérieux de plonger avec un mélange inadéquat. Par ailleurs, cette méthode ne permet pas de recyclage des gaz résiduels, ces plongeurs vident volontairement leurs blocs après une plongée.

L'emploi d'un analyseur d'oxygène est nécessaire :

- principe: deux méthodes sont utilisées pour l'analyse portative de l'O_2; les oxymètres mesurant les propriétés magnétiques de l'O_2, ils sont coûteux (plusieurs dizaines de milliers de francs); ceux à cellule électrochimique, moins coûteux (quelques milliers de francs) mais dont il faut changer la cellule tous les ans et dont la sensibilité pour les fortes teneurs en O_2 est médiocre.
- description: les oxymètres comportent une aiguille de prise de gaz, un système de pompage pour alimenter la cellule de mesure, la cellule, l'électronique de lecture.
- fonctionnement:
  - étalonnage: en prélevant de l'hélium pur on règle le 0, le 20,9 c'est-à-dire l'air est règlé en passant de l'air; on vérifie avec l'O_2 pur que la réponse est bien 100 (si l'échelle va jusqu'à 100).
  - mesure: appuyer sur la pédale d'aspiration pendant deux secondes, attendre que l'affichage soit stabilisé; pour mesurer en permanence piquer le tuyau avant l'arrivée au compresseur; pour mesurer l'He pur, l'O_2 pur et le mélange fini, en mettre dans un petit sac en plastique et piquer dedans.

Homogénéisation

Les nitrox s'homogénéisent plus vite que les mélanges à l'hélium pour des raisons de différence de densité des gaz. Il est conseillé d'attendre 24 heures pour un mélange à l'hélium et 12 heures pour un nitrox avant de procéder à l'analyse avant utilisation.

La qualité du personnel
Une erreur est toujours possible d'où la nécessité des contrôles. Un compresseur usagé peut être responsable d'importantes fuites d'hélium du fait de la diffusibilité importante de ce gaz.

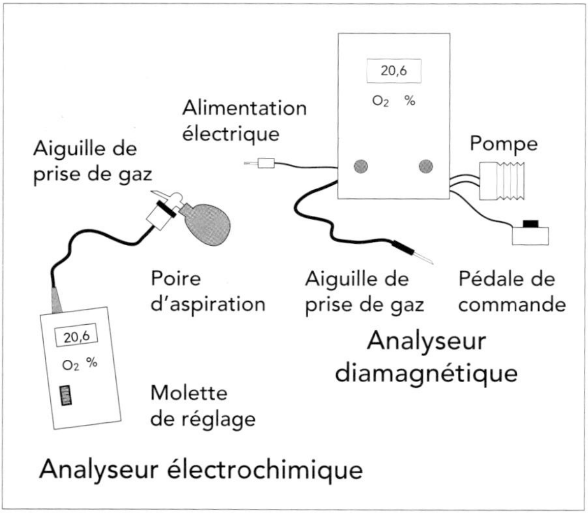

Analyseurs d'oxygène

Les nitrox

Achat préparé

En dehors du 30/70 qu'il est intéressant d'acheter tout fabriqué quand on veut préparer un mélange ternaire (voir les mélanges ternaires), l'achat "tout prêt" ne présente pas d'avantages pour deux raisons:

- Il faudra le transférer dans les blocs de plongée or le passage par le compresseur est impossible, d'où l'impossibilité de compléter les blocs à 200 bars et la manipulation de grosses bouteilles supplémentaires.
- Il est impossible de moduler en fonction des différents usages souhaités si on ne sait pas les fabriquer.

Fabrication Méthode séquentielle

On achète l'O_2 pur et on ajoute de l'air, ça paraît très simple.
L'O_2 est vendu selon deux présentations :
- O_2 médical en bouteille aluminium avec certificat de garantie.
- O_2 industriel moins cher en bouteille acier sans certificat de garantie.

Dans les deux cas B20 de 3,6 m^3 ou B50 de 10 m^3. C'est la même qualité d'oxygène puisqu'il provient de la même rampe de fabrication mais les bouteilles d'O_2 médical ont été rincées avant le remplissage ; les impuretés sont dues essentiellement à l'azote de l'ordre de quelques millièmes au maximum ; pour les pingres costauds l'O_2 industriel est donc suffisant (une B20 pèse 40 kg, une B50 pèse 80 kg), les autres, pour une différence de prix très modique, choisiront la bouteille alu ce qui économisera les amortisseurs de leur auto (soit dit en passant le nitrox et l'hélium ne sont vendus qu'en bouteille acier à 200 bars, les gringalets devront faire un effort).

Etant donné l'impossibilité de comprimer l'oxygène il faudra le transférer, étant donné l'incompatibilité avec les graisses on rappellera les précautions suivantes :
- utiliser des bouteilles dégraissées,
- ajouter un filtre à huile au compresseur avant d'ajouter l'air,
- s'assurer qu'il n'y a pas de retour possible de la bouteille de

plongée vers le compresseur,
- ne pas confier le gonflage à une personne non expérimentée.

Technique de transfert
- la pièce maîtresse est un raccord. Comme il n'est pas en vente dans le commerce il est nécessaire de le faire confectionner. Cette pièce permet le transfert avec les classiques transvaseurs du commerce.

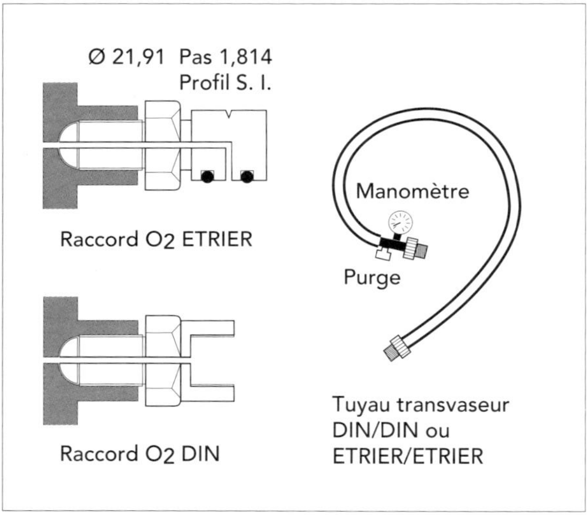

Raccord pour transfert d'oxygène

- pour le transfert proprement dit on procède ainsi :
  - raccorder l'oxygène au bloc de plongée dégraissé,
  - ouvrir en grand le bloc de plongée,
  - ouvrir lentement la bouteille d'O_2 et transvaser la quantité d'O_2 souhaitée, la mesure s'effectue avec un manomètre ; fermer la bouteille d'O_2,
  - fermer le bloc de plongée, purger, désaccoupler.

Après le transfert de l'O_2 on complète à l'air.
- pour des raisons de sécurité on laissera aux nitrox fabriqués le temps de s'homogénéiser pendant 12 heures avant usage et on contrôlera la qualité avec l'analyseur d'O_2.

NB : les nitrox fortement oxygénés (au-delà de 50 %) sont de fabrication laborieuse (pour le transfert, nécessité d'une bouteille d'O_2 de grande taille par rapport au bloc de plongée).

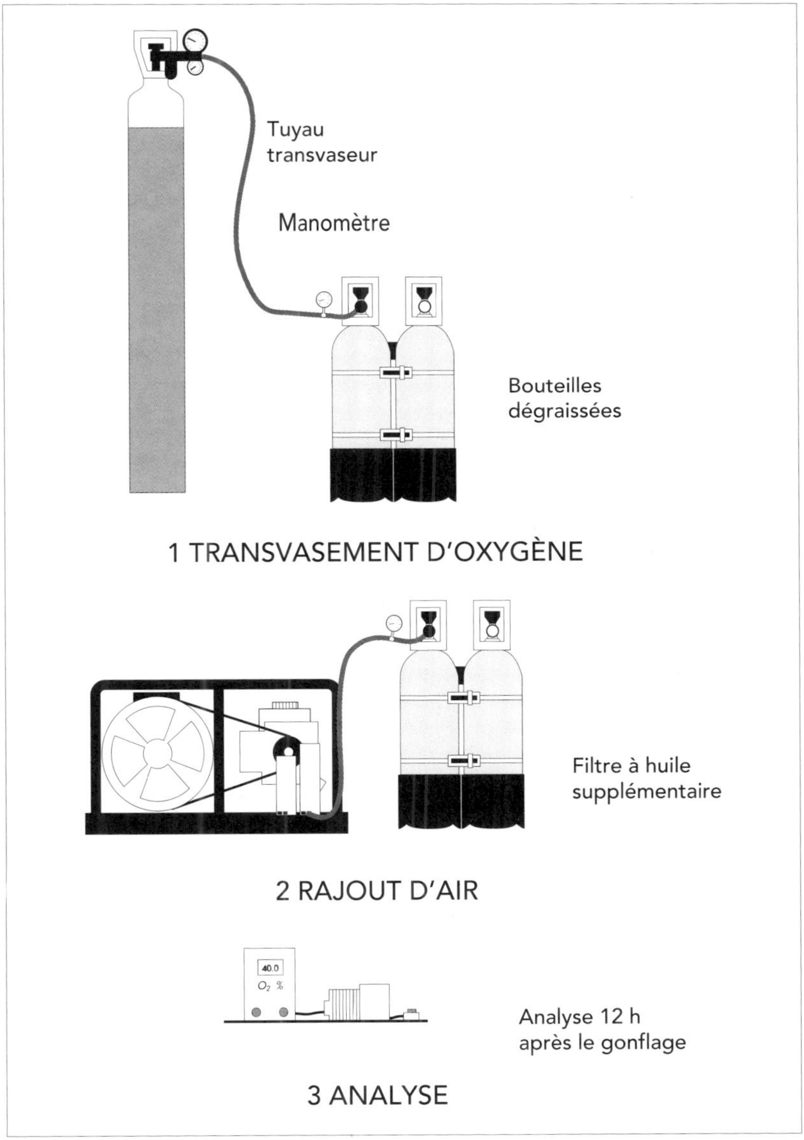

Fabrication d'un nitrox

Calculs

(Pour se détendre l'esprit avant de comprimer les gaz) ; ils sont plus simples que ceux concernant le recyclage des mélanges ternaires.

- si on a une bouteille vide:
  un nitrox O_2 = b et N_2= b1 à pression P est composé de:
  100 x b1/79 = 1,27 b1 d'air en pourcentage
  donc pour faire un nitrox on transvasera la quantité d'O_2 suivante:
  P - P (1,27 b1) bars
  exemple numérique: on veut un 50/50 à 200 bars
  200 - 200 (1,27 x 50 %) = 73 bars d'O_2

- si on dispose d'un fond de bouteille (recyclage):
  on a une bouteille O_2 = a et N_2 = a1 à pression P1
  on veut une bouteille O_2 = b et N_2 = b1 à pression P2
  N_2 à rajouter = P2 b1 - P1 a1
  on trouve cette quantité de N_2 dans:
  1,27 (P2 b1 - P1 a1) d'air
  O_2 à transvaser = P2 - P1 - 1,27 (P2 b1 - P1 a1)

NB: si on fabrique un nitrox alors qu'on ne recycle pas, la méthode reste valable ; dans ce cas P1 = 0

exemple numérique: on a O_2 = 60 et N_2= 40 à 80 bars
on veut O_2 = 50 et N_2 = 50 à 200 bars
O_2 à transvaser = 200 - 80 - 1,27 (200 x 50 % - 80 x 40 %)
O_2 à transvaser = 34 bars

Le tableau ci-dessous donne le résultat de ces calculs si on a au départ une bouteille vide.

nitrox O_2%	30	35	40	45	50	55	60	65	70
O_2 bars	22	35	48	60	73	86	98	111	124
Air bars	178	165	152	140	127	114	102	89	76
total bars	200	200	200	200	200	200	200	200	200

Méthode continue

Afin d'éviter tout contact de l'oxygène et des graisses, les professionnels utilisent des compresseurs à membrane ou des pompes de transfert pour l'oxygène dont certaines sont pneumatiques. Les prix de ces compresseurs, proposés par la société Corblin, sont très élevés. Le schéma ci-dessous montre une rampe de gonflage utilisant un tel compresseur. La société Hasckel propose des pompes à oxygène fonctionnant à la main (laborieux) ou à l'air comprimé. Cette méthode ne dispense pas de l'analyse d'O_2 après fabrication

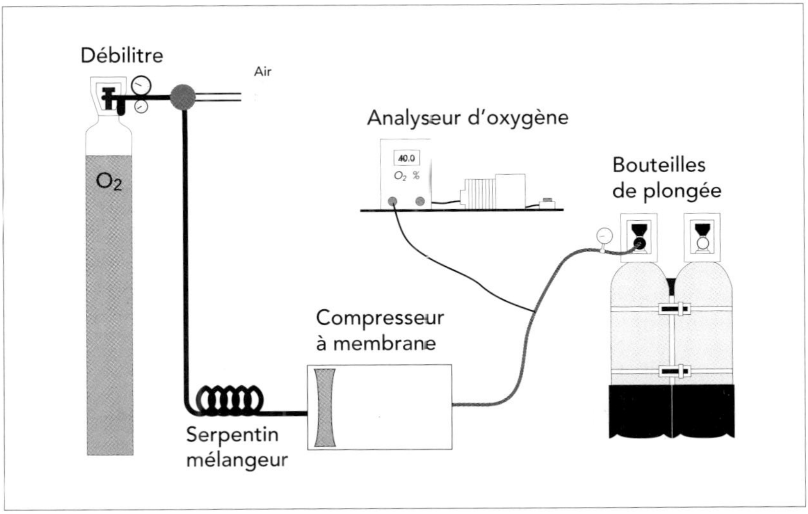

Rampe de fabrication de nitrox avec compresseur à membrane

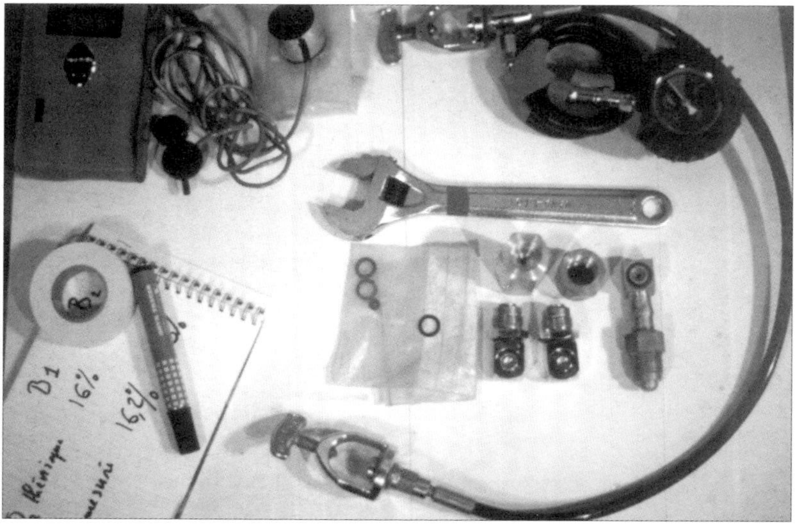

Matériel de transvasement et d'analyse

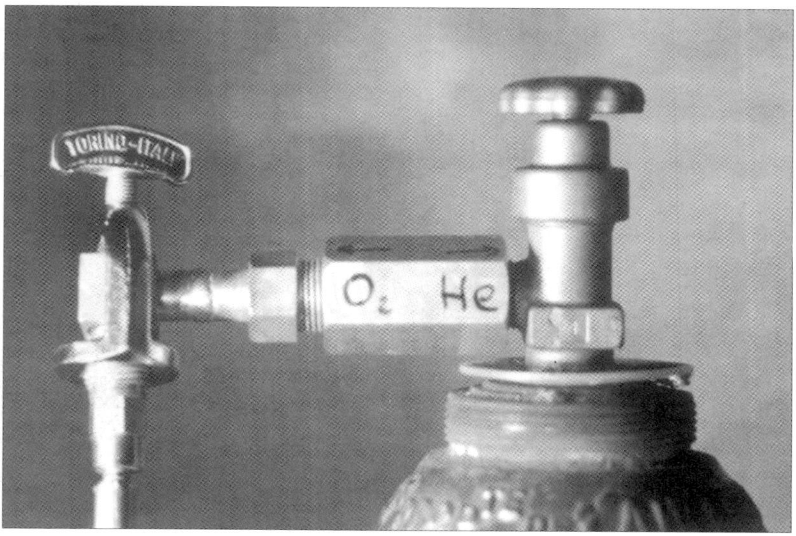

Double raccord : international mâle/oxygène mâle (à gauche) suivi d'oxygène femelle/hélium femelle (à droite)

Analyse du taux d'oxygène après fabrication

Fabrication des mélanges à l'hélium

Introduction

Mélanges ternaires (trimix)

En fonction de la profondeur maximale de la plongée projetée, le mélange sera fabriqué de façon à obtenir au fond 1,4 bar d'O_2 environ (jamais plus de 1,6) et 3,5 bars de N_2 (cf physiologie) ; donc c'est un mélange de nitrox à 30 % d'O_2 et 70 % de N_2 et d'hélium. Si on veut aller plus profond on ajoute de l'He, si on veut aller moins profond on met plus de 30/70. Ceci permet un recyclage des gaz non utilisés après une plongée (vu le prix de l'hélium il vaut mieux ne pas le mettre en l'air mais plutôt dans du 30/70).

Exemples de mélanges ternaires

profondeur	O_2	N_2	He
75 m	16	37	47
90 m	14	33	53
110 m	12	29	59

La tolérance de fabrication (pour utiliser les tables) est de 1 % pour l'oxygène et de 5 % pour l'azote et l'hélium.

Mélanges binaires (héliox)

A utiliser avec des tables spécifiques, l'intérêt est limité pour les sportifs (inconfort, danger, coût).

Nous ne parlerons donc que des mélanges ternaires, plus difficiles à fabriquer d'ailleurs.

Méthodes

Préambule

Deux dangers majeurs au cours de la fabrication artisanale des mélanges :

- la difficulté de manipuler l'O_2 avec l'impossibilité de faire passer par un compresseur habituel un mélange contenant plus de 25 % d'O_2 et la nécessité d'avoir des bouteilles dégraissées si on veut transférer de l'O_2 comprimé d'une bouteille dans une autre (risque d'explosion au contact des graisses).
- la nécessité de laisser les mélanges s'homogénéiser 24 heures avant leur utilisation.

L'achat fabriqué

Avantages

Sécurité :

On est livré sur commande. Il faut spécifier qu'il s'agit de gaz pour la plongée, l'analyse est alors réalisée par le fabricant qui délivre un certificat de garantie (décret du 28 mars 1991). A défaut de signaler la destination des mélanges, le fabricant n'est pas tenu de fournir un certificat de garantie et la qualité des contrôles qu'il réalise étant moins stricte, on ne peut être à l'abri d'une erreur. Il faut vérifier que ce qui est livré correspond bien à la commande ; c'est ainsi qu'ayant commandé un mélange 30/70 O_2/N_2 il nous est arrivé (certes une seule fois) un 30/70 CO_2/N_2 !

Simplicité :

Commande par téléphone, livraison à domicile dix jours plus tard, paiement à reception de facture ; transfert des gaz des bouteilles du fabricant aux blocs de plongée très simple.

Inconvénients

Le prix est très élevé; il est impossible de programmer des plongées à d'autres profondeurs que celle pour laquelle le mélange a été commandé si on ne sait pas recycler les gaz non utilisés.

Techniques de transfert

On est livré en bouteilles B20 ou B50 à 200 bars. Dans toute méthode on aura le choix technique entre transvasement (transfert direct par tuyaux transvaseurs) et transfert par détente puis recompression.

Transvasement:

Les mélanges gazeux non respirables en surface sont livrés en bouteilles dont la robinetterie correspond au dessin ci-contre.

Il est donc nécessaire de disposer d'un système de transvasement direct par tuyau.

Ce système ne permet pas de récupérer les fonds de bouteilles et il est donc nécessaire de détendre et de recomprimer par l'intermédiaire d'un sac plastique (coup de chapeau au génial inventeur du sac poubelle en plastique souple et robuste).

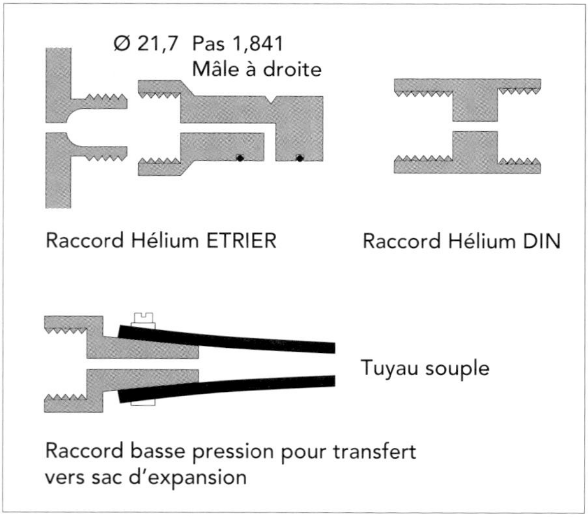

Raccord pour transfert d'hélium

Détente puis recompression:

Il faut avoir un adaptateur à mettre sur la bouteille livrée de façon à éviter les fuites (schéma page de droite).

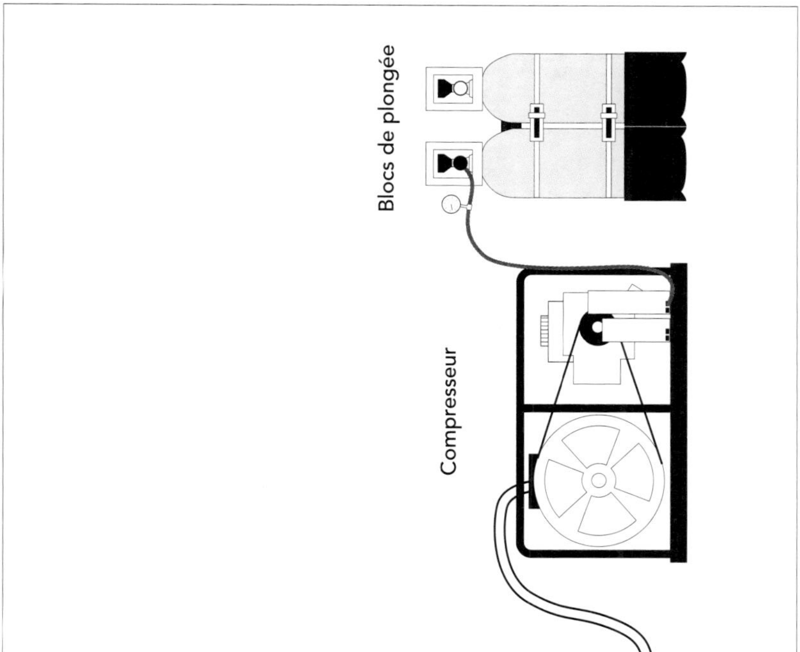

Principe de transvasement : détente puis recompression

N. B. : l'étanchéité doit être parfaite pour éviter les pertes de mélange par fuite. Il faut bien surveiller le sac qui doit rester gonflé. Le sac plastique "fonctionnant" toujours à pression positive, en cas de fuite, il n'y a pas de risque d'aspirer de l'air au lieu du mélange, on aura bien la même composition de gaz au départ et à l'arrivée mais l'hélium est cher, évitons donc les fuites.

manipulation (recette)

manœuvres à exécuter dans l'ordre :

- réaliser le montage sans brancher le bloc de plongée.
- gonfler le sac.
- mettre le compresseur en marche.
- purger le compresseur.
- quand le sac s'est presque vidé, ouvrir la bouteille de mélange et brancher le bloc de plongée.
- en fonction des possibilités de gonflage du compresseur régler à la main le débit dans le sac pour le maintenir gonflé sans excès ; surveiller de temps en temps pour adapter le débit.
- en fin de bouteille livrée, le robinet ouvert au maximum laisse échapper peu de gaz, préparer alors la suivante pour n'avoir pas à arrêter le compresseur (ou bien avoir mis un second système d'arrivée du gaz dans le sac pour une autre bouteille selon le schéma plus loin).
- inutile de purger le compresseur pendant la manœuvre, les gaz sont secs et propres.

L'achat en partie fabriqué

On achète un nitrox O_2/N_2 30/70 et l'hélium.

Avantages

Coût nettement moindre que pour l'achat des mélanges "tout prêt", possibilité de "moduler" en fonction de la profondeur si on projette plusieurs plongées à des profondeurs différentes.

Inconvénients

Technique plus complexe. Nécessité de disposer d'un analyseur d'oxygène. Nécessité de laisser le mélange s'homogénéiser dans les blocs pendant 24 heures avant de plonger et de refaire une analyse d'O_2 au terme de ce délai. (La méthode est très fiable et la sécurité n'est pas remise en cause.)

Techniques de transfert

Transvasement:

L'hélium est livré en bouteilles dont la robinetterie est celle du dessin page 163. Le 30/70 est livré en bouteilles dont la robinetterie est celle du dessin suivant ; on pourrait croire que c'est du DIN international ou le même système que pour l'O_2. Le dessin page suivante montre le système de transfert.

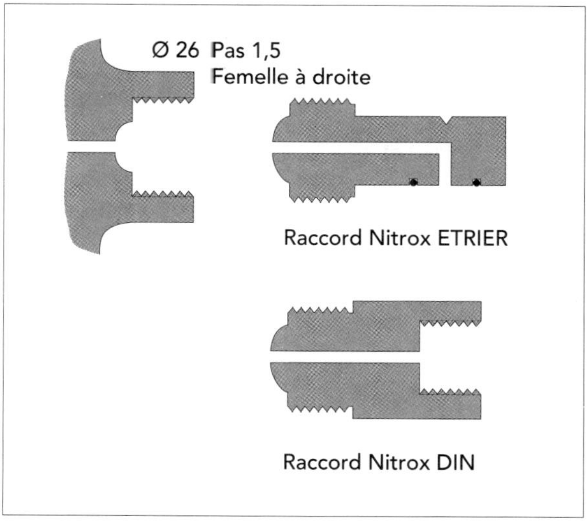

Raccord pour transfert de nitrox

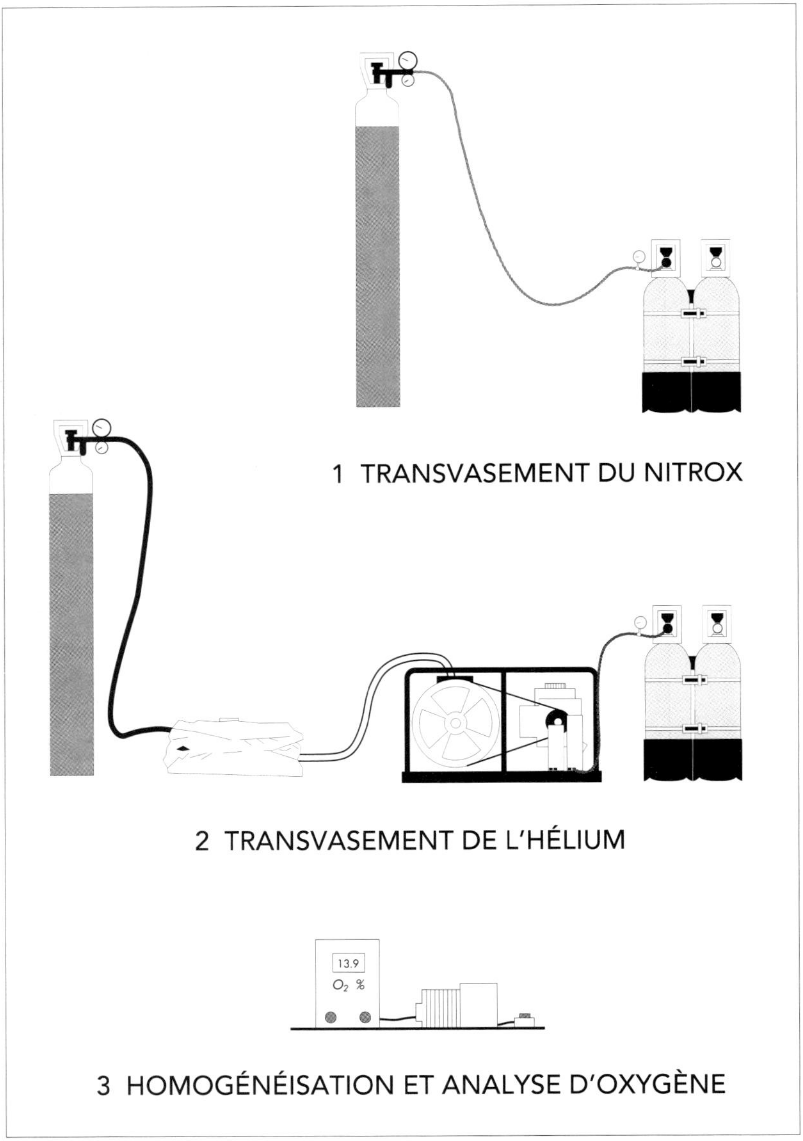

Principe de transvasement :
transfert direct puis détente-recompression

On transvasera la quantité de 30/70 et on complètera à l'He pur, d'abord par transfert direct si possible, en fonction des pressions respectives de la bouteille d'hélium et du bloc de plongée, puis par la méthode du sac d'expansion pour terminer. On aura calculé en fonction du mélange voulu la pression partielle de 30/70 et d'hélium à injecter dans la bouteille de plongée.

On laissera reposer 24 heures et on analysera. En effet l'He pur ne se mélange pas facilement avec les autres gaz bien plus lourds.

LE MÉLANGE DES GAZS

Les gaz utilisés ont des poids moléculaires différents (Hélium : 4 ; Azote : 28 ; Air : 29 ; Oxygène : 32) et les pressions de chargement sont élevées. Les gaz ne vont donc pas se mélanger spontanément lors de leur introduction dans la bouteille et resteront stratifié dans l'ordre de leur introduction. Ce problème est d'autant plus aigu lorsque l'hélium est ajouté à la fin.

Pour améliorer le mélange, on peut augmenter les surfaces d'échanges au cours de la fabrication en plaçant les bouteilles horizontalement sur le sol. On peut également agiter les bouteilles après leur remplissage en les faisant simplement rouler sur le sol.

L'analyse effectuée à l'issue montrera si le mélange souhaité est prêt.

Ne pas plonger directement : risque de syncope immédiate car l'hélium est dans le haut de la bouteille.

Rappel : il est déconseillé de faire passer un 30/70 à travers un compresseur, risque d'explosion.

Les séparateurs de gaz Méthode continue

La séparation par filtre moléculaire consiste à utiliser la perméabilité différentielle de l'azote et de l'oxygène pour produire à partir d'air comprimé un gaz enrichi en oxygène. En effet, chaque gaz a des caractéristiques de perméabilité différente. Cette propriété permet de séparer en passant à travers une membrane spéciale les gaz «rapides» et les gaz «lents».

Ces membranes sont constituées de milliers de fibres creuses qui donnent une grande surface de filtration. Le choix des fibres permet d'optimiser les performances du filtre.

Pour régler la teneur en O_2 du gaz enrichi, on doit jouer sur la pression de l'air comprimé, la pression de sortie de l'azote, la pression de sortie du gaz enrichi. Des systèmes de contrôle de pressions existent.

Pour fabriquer un mélange ternaire, le principe consiste à utiliser un séparateur, une alimentation hélium réglée par débilitre, un analyseur O_2 en continu et un compresseur à membrane.

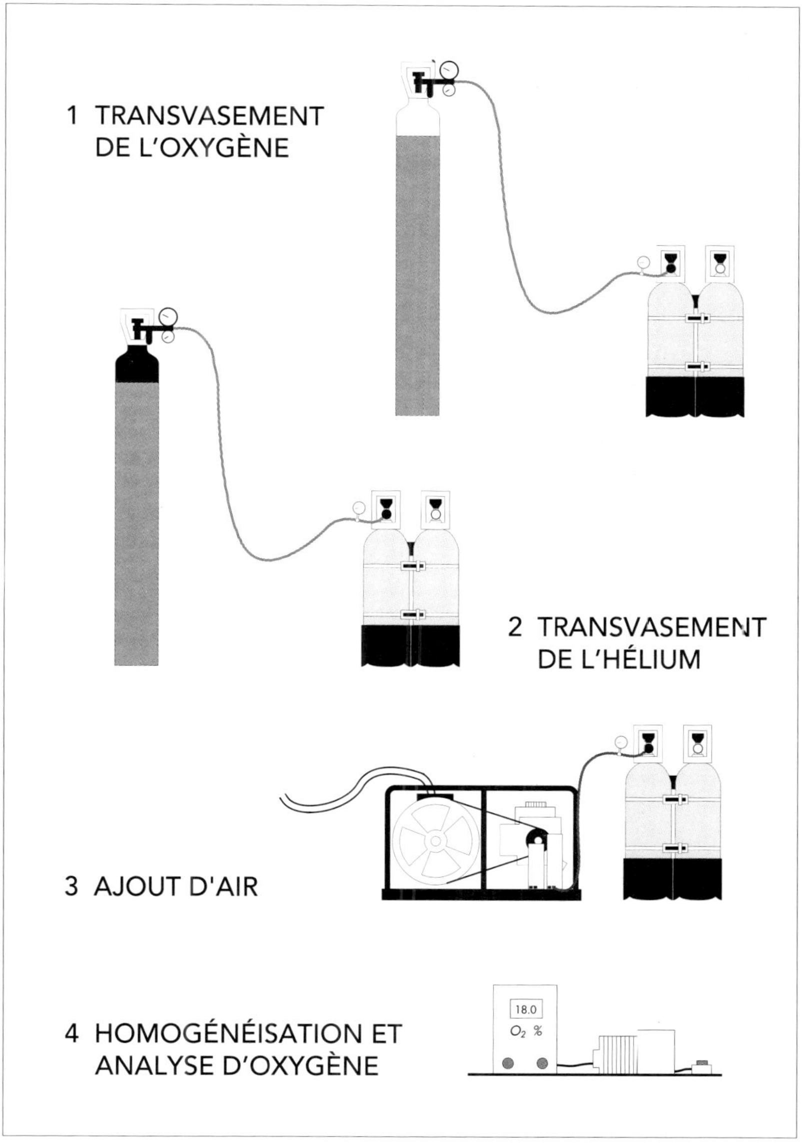

Fabrication d'un trimix : méthode séquentielle

Achat d'O2 et d'He purs

Avantages
Coût le plus faible possible.
Possibilité de moduler si on projette des plongées à des profondeurs différentes.

Inconvénients
Technique complexe.
Nécessité de disposer d'un analyseur d'O_2.
Nécessité de laisser le mélange s'homogénéiser dans les blocs pendant 24 heures avant de plonger et d'analyser chaque bloc après ce laps de temps; cependant la sécurité n'est pas en cause, la méthode est parfaitement fiable.

Techniques de transfert
Transvasement:
Mettre l'O_2 pur dans le bloc de plongée dégraissé. On doit disposer d'un transvaseur selon le modèle du schéma page 152.
Il faut noter que la quantité d'O_2 à mettre dons la bouteille de plongée est petite (nécessité de disposer d'un manomètre précis).
Exemples pour fabriquer un mélange:

bars	O_2	air	He	total	prof (m)	O_2%	N_2%	He%
	13	107	80	200	60	18	42	40
	12	94	94	200	75	16	37	47
	11	83	106	200	90	14	33	53
	9	73	118	200	100	12	29	59

Ajouter ensuite l'He pur.
Laisser le temps de s'homogénéiser et analyser.
Terminer par l'air avec le compresseur.
Laisser le temps de s'homogénéiser et analyser.

En mélange direct (avec débilitres) :

- faire d'abord un mélange O_2/He (calculé en fonction de la profondeur voulue, pas plus de 25 % d'O_2 pendant la manipulation) que l'on rentre dans le compresseur en mesurant avec l'oxymètre ; on mettra la pression souhaitée dans les blocs de plongée.
- terminer le remplissage par l'air.
- laisser le mélange s'homogénéiser 24 heures et contrôler la teneur en oxygène. La sécurité est assurée avec la mesure de l'O_2, la confection du mélange avec + ou - 5 % pour l'He et l'N_2 si on a bien O_2 à 1 % près et il n'est pas nécessaire de faire l'analyse de l'He ni de l'N_2.

La difficulté de cette recette est due à la différence importante de poids moléculaire de l'He (4) et de l'O_2 (32) et au fait qu'il y a peu d'O_2 à mettre par rapport à la quantité d'He ; le mélange immédiat dans le sac est donc très difficile à obtenir : on ne peut pas ouvrir doucement les robinets de chacune des bouteilles de façon à régler les débits en fonction du gonflage du sac et des possibilités du compresseur comme dans les recettes précédentes, l'O_2 reste dans le bas du sac et l'He se met en haut, le tuyau n'aspire donc que de l'O_2 (danger !). Il faut donc utiliser des débilitres et un mélangeur permettant d'obtenir dans le sac un mélange à peu près homogène.

Le recyclage

Introduction

Il n'est pas simple de calculer les pourcentages de O_2 et He à ajouter à un fond de bouteille pour obtenir en fin de manipulation le mélange O_2 N_2 He souhaité (c'est moins difficile si on dispose de 30/70). En fin de manipulation on doit de toutes façons obtenir un mélange de 30/70 et d'He.

Exemple de problème

On a une bouteille à 80 bars de :	O_2: 12	N_2: 29	He: 59
On veut 200 bars de :	16	37	47

Quel mélange de O_2/He fait-on? En quelle quantité?
Quelle quantité d'air devons nous ajouter pour terminer?

Solution

On calcule la quantité d'He qu'il faut rajouter:

He total désiré = 200 x 0,47 = 94 bars
He total présent= 80 x 0,59 = 47 bars
He à rajouter = 94 - 47 = 47 bars
quantité de 30/70 à rajouter = qsp 200 - 47 - 80 = 73 bars

Si on ne dispose pas de nitrox il faut ajouter de l'air et de l'O_2.
Un 30/70 se compose de :

100 x 70/79 = 88,6% d'air et de 11,4% d'O_2;

le complément se fait donc avec:

O_2 = 73 x 0,114 = 8,3 bars
air = 73 x 0,886 = 64,7 bars

Pour la fabrication, le moyen le plus sûr est de procéder ainsi:

- fabriquer dans une bouteille 120 bars comme précédemment par le transvasement de l'O_2

- attendre 24 heures et contrôler
- rajouter les 80 bars de récupération +++ attention aux fuites!

Un autre moyen consiste à compléter le résidu avec un mélange O_2/He approprié comme précédemment par le sac plastique, cette technique est la seule possible si on n'a pas de transvaseur ni de blocs dégraissés, quelques fuites sont tolérées mais la manipulation est délicate.

$O_2\% = (8,3 / 47) \times 100 = 17,6$

Généralisation pour ceux qui aiment les maths:

on a une bouteille	O_2: a	N_2: a1	He: a2	à pression P1
on veut une bouteille	O_2: b	N_2: b1	He: b2	à pression P2

He nécessaire = P2 b2 - P1 a2
nitrox nécessaire = P2 - P1 - P2 b2 + P1 a2
ou si on ne dispose pas de nitrox:
O_2 nécessaire = 0, 114 (P2 - P1 - P2 b2 + P1 a2)
air nécessaire = 0, 886 (P2 - P1 - P2 b2 + P1 a2)
$O_2\% = (O_2 / He) \times 100$

NB: Si on fabrique un mélange alors qu'on ne recycle pas, la méthode reste valable; dans ce cas P1 = 0

Tableau comparatif des différentes méthodes

	Coût indicatif	Durée fabrication
Achat fabriqué		
sans recyclage	2000 Frs	1 heure
He + 30/70 fabriqué		
avec recyclage	500 Frs	24 heures
He + O2 + air		
débilitre	400 Frs	24 heures
transvasement	400 Frs	48 heures

Pour se procurer les gaz
(liste non exhaustive)

AIRGAZ: 64 27 81 40
Mitry Mory 77290
ALPHA GAZ: 30 85 70 00
Montigny le Bretonneux 78180 (Air Liquide)
PRODAIR: 30 66 06 06
Maurepas 78310
CARBOXYQUE FRANCAISE: 48 30 72 61
Bobigny 93000
AGA: 05 24 26 00 (N° vert)
Gargenville 78440 (siège à Toulouse)
CFPO: 43 77 44 40
Bonneuil sur Marne 94380

Les normes de qualité sont les mêmes mais les prix sont variables, quant à la vente des gaz et à la location des bouteilles, se renseigner avant.
L'hélium 45 c'est à dire pur à 99,995 pour cent est la qualité la plus ordinaire et donc la moins chère, elle est largement suffisante pour ce qu'on en fait! Inutile donc de prendre la qualité 65 c'est à 99,99995 pour cent ni au-delà, les prix deviennent de plus dissuasifs.
L'oxygène industriel, le moins cher, est suffisant mais pas pratique à transporter (voir avant).

Pour les provinciaux: téléphoner au siège pour connaitre le dépôt le plus proche de votre domicile.

Délais de livraison pour un gaz pur: 48 heures;
pour un mélange ou un nitrox: 10 jours environ.

Contrôle des gaz livrés

Il faut pouvoir contrôler les gaz qu'on reçoit si ceux-ci ne sont pas livrés avec un certificat de garantie.

Hélium

Le risque de confusion avec l'hydrogène est trop grave pour qu'on puisse l'ignorer.

- couleur de la bouteille : marron,
- lecture de la fiche de livraison. Attention ! l'hélium qui sert à gonfler les ballons n'est pas de l'hélium pur mais un mélange contenant 30 % d'azote,
- le gaz est ininflammable (un briquet devant la robinetterie légèrement ouverte suffit à s'en assurer),
- le gaz est léger,
- on peut en inspirer un peu et constater l'effet Donald Duck.

Oxygène

- la robinetterie est spécifique,
- la bouteille est blanche,
- l'analyseur d'O_2 affiche 100 %.

Surox 30/70

- l'analyseur d'O_2 affiche 30 %,
- on peut en respirer sans problème pendant plusieurs inspirations après étude de la robinetterie.

Coût d'une plongée

Coûts approximatifs des gaz en 1992:

hélium 45	120 F / m^3
O_2 industriel	25 F / m^3
O_2 médical	50 F / m^3
nitrox 30/70	40 F / m^3
mélange préfabriqué	220 F / m^3

Nous avons calculé qu'une plongée de 20 minutes à 90 mètres avec mélange préfabriqué, sans recyclage, coûte en gaz environ 2000 F. En fabriquant les mélanges et en les recyclant la même plongée peut être entreprise pour un coût de l'ordre de 500 F.

NB: Aux USA, l'He coûte entre 10 et 15 dollars les cent pieds cubiques. Comme chacun sait qu'un mètre cube vaut tous les jours 35,314 cu. ft (ou encore qu'un cubic foot mesure 28,317 litres), le dollar environ six francs selon la cote du jour (et ça dépend des jours…), on estime qu'un mètre cube d'hélium coûte aux USA entre 21,2 et 31,8 francs. L'O_2 coûte entre 15 et 21 francs le mètre cube. (Nous n'aurons pas l'audace de faire un commentaire.)

Questionnaire

QUESTION N°1
Quelles sont les règles de sécurité nécessaires à la manipulation de l'O_2?

RÉPONSE N°1
- Ne pas fumer !
- Travailler avec des blocs dégraissés pour transvaser.
- Avoir un filtre à huile supplémentaire au compresseur pour terminer à l'air la fabrication des nitrox.
- Ne jamais passer dans un compresseur plus de 25 % d'O_2 en mélange (rôle de l'analyse permanente d'O_2).
- Faire une analyse finale d'O_2 avant utilisation.

QUESTION N°2
Quelles sont les règles de sécurité nécessaires à la manipulation de l'hélium ?

RÉPONSE N°2
Aucune (en dehors du risque d'hypoxie si on s'amuse à imiter Donald avec un mélange hypoxique ou, si on ne prend pas le temps nécessaire pour que les mélanges puissent s'homogénéiser).

QUESTION N°3
Vous disposez d'un manomètre de grande précision pour réaliser vos mélanges, est-il nécessaire d'en faire l'analyse après fabrication ?

RÉPONSE N°3
OUI ! une erreur de calcul ou de manipulation est toujours possible, l'analyse d'O_2, si elle correspond au calcul, amène une certitude.

QUESTION N°4

Quel volume à la pression de 1 bar contient une bouteille d'air de 12 litres à 200 bars, une bouteille d'oxygène de 50 litres à 200 bars et une bouteille d'hélium de 50 litres à 200 bars ?
Quel est l'importance des interrogations précédentes sur la façon de calculer les quantités de gaz à mettre dans les bouteilles pour fabriquer les mélanges ?

RÉPONSE N°4

2512 litres d'air, 10600 litres d'oxygène et 9000 litres d'hélium.
La loi de Mariotte ne s'applique que pour des pressions faibles (inférieures à 0,1 bar), il est nécessaire pour des pressions de l'ordre de celles que l'on trouve dans nos bouteilles de tenir compte du cefficient de compressibilité : environ 1,05 pour l'air ; 1,06 pour l'oxygène et 0,9 pour l'hélium.
En fait, les effets physiologiques des gaz sont fonction de la pression et pas du nombre de molécules. Quand on fabrique nos mélanges, on tient compte des pressions et comme les gaz se ... mélangent et que les tables ont été calculées de la sorte, cette question n°4 n'a d'intérêt que parce que la réponse est inattendue et élégante.

Appendice

Les méthodes de fabrication des mélanges que nous avons exposées ne sauraient être les seules, il en existe bien d'autres. Voici, par exemple, un moyen scientifique pour fabriquer de façon fiable un nitrox à 33 % sans avoir besoin d'utiliser un analyseur d'oxygène.

On a vu au chapitre sur la physiologie, au paragraphe sur les bases physiques, que dans l'eau à 20 degrés on trouve sous forme dissoute un nitrox à 33 %.

Pour fabriquer un nitrox à 33 %, il suffit de procéder ainsi (voir aussi le dessin) :

- attendre un jour où la température extérieure est de 20 degrés
- faire bouillir l'eau dans une lessiveuse,
- faire passer toutes les vapeurs dans un alambic pour condenser la vapeur d'eau,
- récupérer les gaz à la sortie du condenseur,
- faire barboter ces gaz dans de l'eau de chaux pour éliminer le CO_2 qui se trouve dans l'eau au départ,
- faire passer le mélange suroxygéné à 33 % ainsi obtenu dans un compresseur à membrane (bien entendu) pour remplir les blocs de plongée,
- pour terminer servir frais et déguster.

Conclusion

Les mélanges permettent un pas en profondeur en sécurité si on respecte les règles d'utilisation. Les problèmes de "pression du temps" et de décompression ne permettent pas de longues plongées au fond. Pour progresser dans le sens de la durée de la plongée il faut résoudre le problème du froid (combinaison chauffante, cloche pour décompression) ; pour progresser en distance parcourue il faut, dans le même temps, pouvoir aller plus loin (motorisation) et réduire la quantité de matériel nécessaire si on veut allonger le temps de plongée (appareils à circuit semi-fermé).

Confucius a dit: "L'expérience est comme une lanterne que l'on porte sur son dos, qui éclaire le chemin que l'on vient de parcourir et diffuse une lumière douteuse sur notre futur".

Pierre Dac a dit: "L'avenir, c'est du passé en préparation".

En essayant cependant d'imaginer l'avenir on peut penser que les plongeurs sportifs continueront à s'inspirer des techniques des professionnels, à les adapter, pour aller toujours plus loin et plus profond. Alors pourquoi ne pas imaginer des systèmes qui leur permettent à eux aussi la plongée à saturation, ce qui augmenterait considérablement le champ de nos explorations.

Bibliographie

Paul BERT : La pression barométrique. PARIS 1878 (réédition C.N.R.S. 1979)

C. J. LAMBERTSEN : Underwater physiology, proceedings of the fifth symposium, Faseb, Bethesda, Maryland, 1976

Guy POULET, Robert BARINCOU : La plongée, Denoël, Paris, 1977

Y. BERRY, P. GAVARRY, J.-P. HUBERT, J. LE CHUITON, J. PARC : La plongée et l'intervention sous la mer, Arthaud, 1977

22nd Undersea and Hyperbaric Medical Society Workshop : Isobaric inert gas counter diffusion, 1979

BACHRACH & MATZEN : Underwater physiology VII, Undersea Medical Society Inc, Bethesda, Maryland, 1981

Peter B. BENNET and David H. ELLIOT : The physiology and medicine of diving. Bailliere & Tindall, London, 1982

C. DAVIS : Hyperbaric and undersea medicine. Best publishing CO., San Pedro, U.S.A., 1984

G. SUSBIELLE, J.-C. LE PECHON : Le travail en plongée et en air comprimé, Encyclopédie Médico-chirurgicale, Paris, 1984

29th Undersea and Hyperbaric Medical Society Workshop : Nitrogen narcosis, 1985

X. FRUCTUS, R. SCIARLI : La plongée, santé, sécurité, 1986

Philippe MOLLE : Enseigner et organiser la plongée, Amphora, Paris, 1987

LANG & HAMILTON : Proceedings of dive computer workshop, American Academy of Underwater Sciences, 1988

SCHEINER & HAMILTON : Validation of decompression tables, 37th Undersea and Hyperbaric Medical Society Workshop, 1989

HAMILTON, GROSSON & HULBERT : Workshop on enriched air nitrox diving, 1989

Dick RUTKOWSKI : Nitox training manual.

T. R. HENNESSY : Supersaturation and bubble formation in fluids and organisms, The Royal Norwegian Society of Sciences and Letters, 1989

Undersea and Hyperbaric Medical Society, 8th workshop : Physiological basis of decompression, 1990

Jean-Claude LE PECHON, Jacques REGNARD : Cours donnés à la Faculté de Médecine Paris V, de 1988 à 1992, pour le Certificat d'Université " Médecine de la plongée professionnelle et du travail en air comprimé, introduction à la médecine hyperbare "

Physiologie et médecine de la plongée, Edition Marketing, 1992, Med Sub Hyp, coordonnateur : B. BROUSSOLLE.

Table des matières

Table des illustrations

Courbes, schémas :
Pascal Brunet
Christian Thomas

Dessins :
Philippe Brunet
Christian Thomas

Conception, réalisation :
Pascal Brunet

Relecture :
Philippe Brunet
Gilles Carmine
Christine Thomas
Pascale Tortel

Photos d'illustrations :
Philippe Brunet
Alain Février
Yannick Guen
Alain Martaud
Eric Popp